河南水利与环境职业学院校本教材

职业素养教育教程

主　编　何占周
副主编　宋　峥
编　者　张春丽　谭春英

河南大学出版社
HENAN UNIVERSITY PRESS

中国·郑州

图书在版编目（CIP）数据

职业素养教育教程 / 何占周主编. —郑州：河南大学出版社，2019.8
ISBN 978-7-5649-3868-0

Ⅰ. ①职⋯ Ⅱ. ①何⋯ Ⅲ. ①职业道德－教材 Ⅳ. ① B822.9

中国版本图书馆 CIP 数据核字（2019）第 172273 号

责任编辑	薛建立
责任校对	柴桂玲
封面设计	马　龙

出版发行　河南大学出版社
　　　　　地　　址：郑州市郑东新区商务外环中华大厦 2401 号
　　　　　邮　　编：450046
　　　　　电　　话：0371-86059750（高等教育出版分社）
　　　　　　　　　　0371-86059701（营销部）
　　　　　网　　址：www.hupress.com

排　版	河南大学出版社设计排版部
印　刷	河南瑞之光印刷股份有限公司
版　次	2019 年 8 月第 1 版
印　次	2019 年 8 月第 1 次印刷
开　本	787mm×1092mm　1/16
印　张	11.75
字　数	224 千字
定　价	33.00 元

（本书如有印装质量问题，请与河南大学出版社营销部联系调换）

前　言

　　大量事实告诉我们，职场与校园差别很大，以至于许多学业成绩优秀的求职者苦苦追求却得不到合适用人单位的录用，而很多幸运的职场新人虽然求职成功却无法适应工作的要求。因此，要实现大学生从学生向职业人的转变，成为企业所欢迎的现代职业员工，除了要不断学习、提升专业技能以外，还要培养良好的职业素养。

　　所谓职业素养，就是指从事职业所必须具备的品质和修养，是职业意识、职业精神和职业态度的综合体现。从大学生的角度看，职业素养是实现就业并胜任工作岗位的基本前提；从用人单位的角度看，职业素养是选聘人才首要考虑的因素。良好的职业素养是企业用人所必需的，是个人事业成功的基础，是大学生进入企业的"金钥匙"。

　　为适应创新创业就业教学和课程建设的需求，更好地体现高职高专院校重视学生实际能力培养的教学要求，在编写过程中，我们坚持"简单"的内容和"活泼"的呈现形式相结合的原则，打破了原来的章节结构形式，采用模块化的设计方式，共包括职业精神、职业理想、职业道德、职场礼仪、职场沟通、职场团队、职场适应、职场创新、职场减压等九个模块，基本涵盖了职业素养与能力的主要内容。每个模块设置了案例探析、认知与理解、活动与体验、职场实训、拓展测试等环节，注重实用性、体验性，立足于方便学生自己去感受、尝试与探索。

　　本书参编人员长期从事高职院校学生创新创业就业教育和指导工作。何占周担任主编并最后统稿，宋峥担任副主编，张春丽、谭春英为编者。何占周编写了模块一、模块二、模块三，张春丽编写了模块四、模块六，谭春英编写了模块五、模块八，宋峥编写了模块七、模块九。

　　本书在编写过程中参阅和借鉴了有关文献资料以及兄弟院校在职业素养教育方面有效的经验和成果，在此，谨一并表示衷心的感谢。由于编者水平有限，不当之处，望同仁、读者批评赐教！

编　者

2019 年 5 月

目 录

模块一　职业精神　………………………………………………………　1
模块二　职业理想　………………………………………………………　21
模块三　职业道德　………………………………………………………　43
模块四　职场礼仪　………………………………………………………　60
模块五　职场沟通　………………………………………………………　83
模块六　职场团队　………………………………………………………　104
模块七　职场适应　………………………………………………………　121
模块八　职场创新　………………………………………………………　142
模块九　职场减压　………………………………………………………　163

模块一　职业精神

★ 案例探析

李素丽，原北京市公交总公司公汽一公司第一运营分公司21路公共汽车售票员，1962年出生，1987年入党。她自1981年参加工作以来，十几年如一日，在平凡的岗位上，把"全心全意为人民服务"作为自己的座右铭，真诚热情地为乘客服务。在21路公共汽车这个平凡的岗位上，李素丽根据乘客的不同需求，给他们最需要的服务：老幼病残孕怕摔怕磕怕碰，李素丽搀上扶下；"上班族"急着按时上班，李素丽尽量让他们上车；外地乘客容易上错车或坐过站，李素丽及时提醒他们；中小学生天性活泼，李素丽提醒他们车上维护公共秩序、车下注意交通安全。李素丽习惯在车厢里穿行售票，车里人多，一挤一身汗，可她说："辛苦我一个，方便众乘客。"十多年来，李素丽用自己日复一日的劳动给人们带来真诚的笑脸、热情的话语、周到的服务、细致的关怀，被誉为"老人的拐杖、盲人的眼睛、外地人的向导、病人的护士、群众的贴心人"。

请同学们思考

（1）想一想：在故事中哪些行为体现了售票员李素丽的职业精神？

（2）说一说：结合时事见闻，请说出人们在不同行业和工作中的具体体现，并谈一谈自己对此的看法和评价。

★ 认知与理解

一、职业化与职业精神

职业就是个人参与社会劳动、换取物质保障和财务分配、获得社会地位以及认可的一种劳动方式和渠道。职业的定义里蕴含着两层意思：第一，你要去做件事情，你要劳动；第二，你所获得的不仅仅是物质报酬，还有精神的报偿，如社会地位以及自我满足感、荣誉感、成就感、归属感等，这些都与你的职业有很大的关系。在每个行业里都有很多出色的人才他们之所以能存在，是因为比别人更努力、更智慧、更成熟；但最重要的是，他们比一般人更加有职业精神，更具职业化。

职业化就是职业的标准化、规范化、制度化。比如，"我是一个职业的销售人员"，"我是一个'职业经理人'"，就是自身的职业做到标准化、规范化和制度化。即在合适的时间、合适的地点用合适的方式说合适的话、做合适的事，准确扮演好自己的工作角色，使从业者在知识、技能、观念、思维、态度、心理等各方面都符合职业规范和标准的要求。

职业化是一种精神、一种力量，是对事业的尊重与执着，是对事业孜孜不倦的追求，是追求价值体现的动力，是实现事业成功的一套规则。"职业化"就是以此为生，精于此道；就是细微之处做得专业；就是用理性的态度对待企业、老板、客户、同事、自身以及自己的工作对象；就是专业和优秀，别人不能轻易地替代；就是不断地、富有成效地学习；就是责任心、敬业精神和团结协作。对企业来说，大量"职业化"人才的培养就是以最小的成本，获得最大的效益。职业化是国际化的职场准则，是职业人必须遵循的第一规则。

职业精神是一个人内在的认识思维系统，是指人们在职业生活中对自己所从事工作的一种理解和感受，是对职业的理性认知和崇尚景仰的心理状态；同时，职业精神又是一个人外在的实践系统，表现为一个人在从业过程中的热爱、严谨、细致、负责、高效的行为及风貌。职业精神最基本的表现就是爱岗敬业、服务社会、实现自我价值。现代职业精神是对传统职业精神的继承与发展，是人们在对职业本质认识的基础上所具有的敬业、精业、创业和立业的职业情感、职业态度及行为表现。职业精神的力量是强大的，它是实现个人价值、获得社会承认的基础，是企业立业之本和保持基业长青的必要条件，是促进行业健康、全面和协调发展的重要支撑，是国家强盛、民族振兴的内在动力。

二、职业精神的基本要求

因职业内容、价值观、时代不同，职业精神内涵的要求侧重也有所不同，但敬业、责任、协作、规范、主动五个方面一直都是职业精神的核心和基本要求。

（一）敬业

1. 把职业当成你的事业

一个敬业的人，最根本的一点就是要对工作有一种发自内心的荣誉与自豪感。任何一个人做事，首先得对自己的工作、公司有自豪感，如果一个人对公司、工作没有自豪感，肯定难以做好工作。大学生要培养敬业的职业素质，首先要热爱你的工作，为你的工作感到自豪。敬业的最高境界是什么？就是把职业当成你的事业来看待。职业只是靠技能来服务于人和社会而谋生的手段。事业则是可以延续并由人继承的，像一种思想、一种理论、一种制度的创立和维护。

人人都应该对自己的职业有一个清晰的自我定位。比如，有人认为工作的目的是为了生存，那么他确立的是一种职业认同感；有人认为他从事的工作是一份值得为之付出和献身的事业，那他就会加倍努力去实现自我的价值。职业感和事业感虽然只有一字之差，但当我们以不同的态度去工作时，就会有截然不同的结果。职业感要求尽心尽力地完成相应的职业，遵守职业道德，而事业感则往往是自觉的，并且总是与某种价值观联系在一起。德国思想家马克思·韦伯认为，有的人之所以愿意为工作献身，是因为他们有一种"天职感"，他们相信自己所从事的工作是神圣事业的一部分，即使是再平凡的工作，也会从中获得某种人生价值。大凡富有事业感的人，他们通过工作所获得的不仅仅是物质、荣誉等外在的东西，更重要的是获得了内心的满足感和自我价值的实现，因此，他们很少计较报酬、在乎功名，他们所做的一切只为追求一个完美的境界，在这样的境界中，他们会发现自己生存的意义，感受到幸福和自我满足。人类最具创造性的工作往往都是事业感的产物。即使是从事平凡琐碎的日常事务，只要你从中找到一份独特的乐趣和满足，同样可以借此达到人生的某种意境。每一个岗位都是实现人生价值的舞台，只要我们用对待事业一样的态度对待我们的工作，每个人都能在平凡的岗位上做出不平凡的业绩。

在现代社会中，工作是大多数人赖以生存的基本手段之一。工作创造财富，工作创造幸福，工作创造一切。对每个人来说，其生活的大部分时间是在工作中度过的。工作是人们生活的重要内容之一，甚至可以说没有工作就没有生活。首先，工作可以满足我们的生活需求。美国心理学家亚伯拉罕·马斯洛的需求层次理论把人的需求分成生理需求、安全需求、社交需求、尊重需求和自我实现需求五个层次。显然，人们的每一种需求的满足都不可能离开工作的支撑，而且越是高层次的需求对工作的依赖性就越强。其次，工作是我们实现事业理想的平台和载体。再次，工作赋予我们一个全新而重要的社会角色。比如，当人们第一次相遇时，首先开始的对话常常是："你是做什么的？"或者："你的专业是什么？""你毕业后打算干什么？"绝大多数人会这样回答："我是一名教师。""我是一名律师。"或"我是一名银行职员"等等。这里的"教师"、"律师"、"银行职员"就是我们的社会角色。当我们拥有一份工作时，就扮演着一定的社会角色并得到同学、朋友、家庭及社会的认同；当我们获得一份很有竞争力的工作时，我们会有一种特殊的优越感和自豪感。工作使我们的需要得到了满足，工作使我们融入社会、实现自我价值，工作使我们更美丽。

2．培养敬业的习惯

南宋朱熹在谈论"敬业"时曾说过："敬业者，专心致志，以事其业也。"所谓敬业精神，就是用一种恭敬严肃的态度来对待自己的职业，也就是人们对自己的工作充满敬爱和虔诚，具有专心致志、忠于职守和勤勉的从业心态。

敬业精神需要后天不断培养和锻炼，要养成以认真负责的态度做任何事情的习惯。这种习惯或许不会有立竿见影的效果，但可以肯定的是，当"不敬业"成为一种习惯时，那种散漫、马虎、不负责任的做事态度已渗入人们的潜意识，做任何事情都会拈轻怕重，或干脆逃避，其结果就可想而知了。

有些人天生有敬业精神，任何工作一接上手就废寝忘食，但有些人的敬业精神则需要培养和锻炼。养成敬业的习惯，或许不能立即为你带来可观的好处，但可以肯定的是，如果你养成了一种"不敬业"的不良习惯，你的成就相当有限。"敬业"短期来看是为了公司，长期来看是为了你自己。其原因在于：一方面，敬业的人容易受人尊重，就算工作绩效不怎么突出，但别人也不会去挑你的毛病，甚至还会受到你的影响；另一方面，敬业的人容易受到提拔，老板或主管都喜欢敬业的人，因为这样他们可以减轻工作压力，事情交给你放心。当然，有的人会想，现在找工作也并不只有一条路，此处不留，自有他处，不如过一天算一日，如果这样，你就只能一年到头去找工作了。

故事启迪

一位心理学家要了解人们对于同一种工作的不同反应。他来到一所正在建的大教堂，对现场忙碌的敲石工人进行访问。心理学家问他遇到的第一位工人："请问，您在做什么？"这位工人没好气地回答："在做什么？你没看到吗？我正在用这个重得要命的铁锤，来敲碎这些该死的石头。而这些石头又特别地硬，害得我的手酸麻不已，这真不是人干的活。"

心理学家又找到第二位工人："请问，您在做什么？"第二位工人无奈地答道："为了每天的工资，我才会做这件工作，若不是为了一家人的温饱，谁愿意干这份敲石头的粗活？"

心理学家问第三位工人："请问，您在做什么？"第三位工人眼光中闪烁着喜悦的神采："我正参与兴建这座雄伟华丽的大教堂。大教堂落成之后。这里可以容纳许多人来做礼拜。虽然敲石头的工作并不轻松，但当我想到，将来会有无数的人来到这儿，在这里接受上帝的爱，心中就会激动不已，也就不感到劳累了。"

同样的工作，同样的环境，人们却有着如此截然不同的感受。或许在过去的岁月里，有的人时常怀有类似第一种或第二种工人的消极看法，每天常常谩骂、批评、抱怨，四处发牢骚，对自己的工作没有丝毫激情，在生活的无奈和无尽的抱怨中平凡地生活着。

不论您过去对工作的态度究竟如何，都并不重要，毕竟那是已经过去的了，重要的是，从现在开始，树立正确的工作态度。让我们像第三种工人那样，为拥有一个工作机会而心怀感激，为生命的尊严和人生的幸福而努力工作。

（二）责任

1. 工作就意味着责任

无论是在生活还是工作中，我们每个人都承担着一定的责任。如果硬把自己本该承担的责任推给别人，结果只会让自己肩上的压力越来越大。该你负责的事情，你就必须得自己做且要全力以赴做到最好。其实权力和责任是对等的，你有多少权力，就要负起多少责任。在公司里面，常常有这样一些经理，他们总抱怨老板不授权，权力太小，无法管理员工；可是，遇到真正麻烦时，他们往往会把问题往老板那一交："你看该怎么办？"这些经理会去想，他们拿的薪水比员工多，权力比员工大，那么问题就应该到他们这里为止。大家可以认真想想，推脱责任的做法对我们自己究竟有什么好处呢？表面上看，我们暂时可以避免一些麻烦，实际上却为自己埋下了祸根。因为你的不负责任，你将失去的甚至是你的工作。因此，当出现问题的时候，请不要推卸你的责任，只有敢于承担责任的人，才是主宰自我生命的设计师，才是命运的主人，才能获得生命的自由，才能赢得别人的尊重和爱戴。只有这样，才能发展。

故事启迪

吴斌是杭州长运客运二公司的客车司机。2012年5月29日中午，他驾驶浙A19115大型客车从无锡返回杭州，车上载有24名乘客。11时40分左右，车行驶至锡宜高速公路宜兴方向阳山路段时，一块大铁片突然从天而降，击碎挡风玻璃后，砸向吴斌的腹部和手臂。

监控画面记录下了当时突发的一幕，时间共1分16秒：被击中的一瞬间，吴斌本能地用右手捂了一下腹部，看上去很痛苦，但他没有紧急刹车或猛打方向盘，而是强忍疼痛让车缓缓减速，稳稳地停下车，打起双闪灯，拉好手刹，最后他解开安全带挣扎着站起来，打开车门，疏散旅客。他还回头对受到惊吓的乘客说："别乱跑，注意安全。"做完这一切，吴斌瘫坐在了座位上。

最美司机吴斌从业10多年来安全行驶100多万公里，从未发生过一起交通事故和旅客投诉，也从未发生过一次违章。在生死危难之际，他用自己的生命诠释了职业精神。

2. 不找任何借口

《没有任何借口》是一篇非常著名的文章，文章的作者是美国西点军校的一名毕业生。他在文中如此说道：在西点，我作为新生学到的第一课是一位高年级学员冲着我大声训导。他告诉我，不管什么时候遇到学长或军官问话，只能有四种回答："报告长官，是"；"报告长官，不是"；"报告长官，没有任何借口"；报告长官，我不知道"。除此之外，不能多说一个字。

"没有任何借口"是西点军校奉行的最重要的行为准则，它强化的是每一位学员想尽办法去完成任何一项任务，而不是为没有完成任务去寻找任何借口，哪怕看似合理的；其目的是为了让学员学会适应压力，培养他们不达目的不罢休的毅力。它让每一个学员懂得：工作中是没有任何借口的，失败是没有任何借口的，人生也是没有任何借口的。

故事启迪

福特汽车的创始人亨利·福特在制造著名的V8汽车时，明确指出要造一个内附8个汽缸的引擎，并指示手下的工程师马上着手设计。其中，有一个工程师认为，要在一个引擎中装设8个汽缸是根本不可能的。他对福特说："天啊，这种设计简直是天方夜谭！以我多年的经验来判断，这是绝对不可能的事。我愿意和您打赌，如果谁能设计出来，我宁愿放弃一年的薪水。"

福特先生笑着答应了他的赌约，他坚信自己的设想："尽管现在世界上还没有这种车，但无论如何，只要多搜集一些资料，并把它们的长处广泛地加以分析和改进，是完全可以设计和生产出来的。"后来，其他工程师通过对全世界范围的汽车引擎资料的搜集、整理和精心设计，结果奇迹出现了，不但成功设计出8个汽缸的引擎，而且还正式生产出来了。

那个工程师对福特先生说："我愿意履行自己的赌约，放弃一年的薪水。"此时，福特先生严肃地对他说："不用了，你可以领走你的薪水，但看来你并不适合在福特公司工作了。"那个工程师在其他方面的表现很不错，但他却仅仅凭借自己现有的知识和经验就妄下结论，而不是去积极主动地广泛搜集相关资料，不去寻找方法，只是一味地寻找借口；但企业需的是能够认真执行、解决问题的人，而不是总是找借口妄下结论的人。

在我们的学习、生活和工作中，经常会听到这样或那样的借口，告诉我们不能做某事或做不好某事的理由。它们好像是"理智的声音"、"合情合理的解释"，冠冕而堂皇。其实，在每句借口的背后，都隐藏着丰富的潜台词，只是我们不好意思说出来，甚至我们根本就不愿说出口来，让我们暂时逃避了困难和责任，获得了些许心理慰藉。但是，借口是制造失败的根源，借口把绝大多数的人挡在了成功的大门之外，9%的失败都是因为人们习惯于寻找借口。所以，无论是在学习、生活还是今后的工作中，你要记住一条重要的法则：不找借口，只找方法。好方法是成功的捷径，而借口则是成功路上的高山险阻。要想成为一个成功者，就不要为己的失败百般寻找借口，而要坚持不懈地寻找方法。要做一个为成功找方法的人，而不是为失败找借口的人。

（三）协作

1. 工作的过程就是员工之间的合作

美好的愿景是团队合作的基石，明确的目标是团队成功的基础，团队协作则是团队合作的关键。一个成功的团队、一个优秀的团队，它的凝聚力和竞争力是不容忽视的。没有一个企业希望自己的员工是一盘散沙，个个都单打独斗，那样的话所取得的成就只能占团体合作的一小部分。团队强调的是协同工作,一般没有命令和指示,所以团队的工作气氛很重要,它直接影响团队的工作效率。团队的效率在于配合得默契,如果达不到这种默契,团队合作就不可能成功。团队工作需要成员在一起不断地讨论,如果你固执己见,无法听取他人的意见,或无法与他人达成一致,团队的工作就无法进行下去。

所以,在工作中,与他人和谐相处、密切合作是必不可少的。团队协作不是一句口号,需要的是行动。一个懂得协作、善于合作的员工是推动企业进步的润滑剂,也是公司高薪聘请的对象。反之,一个不懂得团队协作的员工,是不会受到欢迎的,而且有被淘汰出局的危险;一个不肯与人合作的"刺头",也没有公司愿意留下他。一个业务精良的员工,一定要懂得合作,这样才能不断地提升自我。如果自以为了不起,不积极合作,孤军奋战,是令人遗憾的,因为他失去了发展自我、完善自我的机会。

2. 协同合作是团队精神的核心,也是职业精神的基本内容

蚂蚁可以说是世界上团队协作的典范,它们非常渺小,却可以相互配合搬动是它们自身体积数万倍的大象。社会学实验表明,两个人以团队的方式相互协作、优势互补,其工作绩效明显优于两个人单干时绩效的总和。团队精神强调的不仅仅是一般意义上的合作与齐心协力,它要求发挥团队的优势,其核心在于大家在工作中要加强沟通,利用个性和能力差异,在团结协作中实现优势互补,发挥积极协同效应,带来"1+1>2"的结果和成绩。团队的愿景和共同目标就像是号召其所有成员的一面旗帜,在团队里每个成员不仅找到了实现自我价值的共同平台,而且团队成员之间彼此的信任、理解和协作造就了一股巨大的合力,于是一个力量强大的团队形成了。为了实现团队的总体目标,具有团队精神的人总是以一种强烈的责任感,充满活力和热情地与同事一起努力奋斗、积极进取,创造性地开展工作,最终实现团队协作精神的最高境界,即"团结一致"。正如我们看NBA全明星赛与总决赛,其中的差别显而易见。全明星赛只是一种表演,是彰显联赛全明星个性的大联欢,尽管好看、精彩,但并不能算是一场真正的比赛,原因就在于这种比赛并不依靠团队的配合与整体的防守。而总决赛则完全是两回事,冠军头衔总是青睐配合默契、靠团队作战的球队。当年的湖人、公牛如此,现在的马刺也是如此。而对于飞人乔丹而言,没有皮蓬、库科奇等的辅佐,他永远也不可能戴上总冠军戒指。球星的发挥必须与团队的和谐运转形成一个有机的整体,

NBA 职业球员和教练们对于这个职场道理的体会比我们更加深刻。协同合作将日益成为许多行业的主旋律。通过协同合作可以营造有利于本行业的"游戏环境"和"游戏规则",通过优势互补、扬长避短,可以获得合作者之间的成功运作和共赢。

(四)规范

孟子曾说:"不以规矩,不能成方圆。"世界上所有的事情都有一定的规范,我们要用这种规范来约束自己的行为举止。因此,对个人来说,遵守这种规范就能有所成就;对社会来说,遵守这种规范就能和谐稳定发展。人们总是要在"规"与"矩"所形成的范围内活动。只有这样,才能让社会更好地发展与进步,才能让社会不断走向文明。"规矩"一词出自木匠术语。"规"指的是圆规,木工干活会碰到打制圆窗、圆门、圆桌、圆凳等工作,古代工匠就用"规"画圆;"矩"也是木工用具,是指曲尺,是一直横构成直角的、木匠打制方形门窗桌凳所必备的尺子。可见,"规"和"矩"都是制作和校正圆形、方形的工具,原意是说如果没有"规"和"矩",就无法制作出方形和圆形的物品,后来引申为人们的行为举止所应遵循的标准和规则。

对于现代企业,企业老板在经营过程中就要制定一系列的规章制度,形成一整套自己企业的企业文化,以此来规范每个员工的思想意识和工作行为。企业是经营单位,是要创造利益的。尤其是对于超大型企业,没有规章,其生产过程将处于无序的状态;没有企业文化,员工将失去工作精神,从而就丧失了企业创造利益的内在基础,企业老板就不可能在经营过程中收获利益。

古人早在《大学》中就提出:"大学之道,在明明德,在亲民,在止于至善。"这三条是做人的总纲,而且给出了具体的实施方式:"格物、致知、诚意、正心、修身、齐家、治国、平天下。"它说明了个人的修身养性不仅仅是口号上的,最重要的是在实践行动上。做人做事都要有理、有节、有法度。对于远大理想,更要有稳妥坚韧的奋斗目标以及周全的规章制度和前进法则;否则,个人的行为也只能是逆水行舟。失去外界的帮助,成功也许会与我们失之交臂。

故事启迪

去过日本旅行或留学的国人肯定会感叹日本街道为什么这么干净,其实这背后和日本良好的垃圾分类习惯有很大关系。说到日本的垃圾分类,可以说是近乎苛刻。

日本为什么要垃圾分类？

20世纪60年代，日本经济开始高速增长。不过随之带来的工业污染使日本人意识到了环境保护的重要性。所以，从70年代开始，日本开始进行垃圾分类，从源头上减少垃圾对环境的污染。另外，日本国土狭小、资源匮乏，通过垃圾分类，可以更有效率地回收可再生资源，提高资源利用率。垃圾分类减量3R原则是：REDUCE（源头减量）、REUSE（重复使用）、RECYCLE（回收利用）。日本的垃圾分类可谓"极致"，在很多外国人看来甚至到了"严苛"的地步。下面就来看看具体如何分类。

如何分类垃圾？

因为日本实行地区自治，所以各地方垃圾分类的规定有所不同，不过大同小异。垃圾分类很细，为了让居民明白，每个市都会写一本垃圾分类指南，上面详细说明如何分类以及注意事项，家庭主妇们按照指南来进行。垃圾简单分的话有四类，多的话有分八类。以京都为例子，《家庭垃圾分类指南》多达32页！

京都垃圾主要分为三大类：可燃垃圾、可再生资源垃圾、大型垃圾。其中，可再生资源垃圾具体又分为四小类：纸质类、瓶罐类、塑料包装类、小型金属类。所以，垃圾一共需要分为六类。

首先是可燃垃圾，比如蔬菜果皮、剩菜剩饭等厨余垃圾，竹签、烟头、破碎的玻璃等。纸质的牛奶盒或饮料盒不属于可燃垃圾。注意：装进袋子前要把水分脱干，玻璃要用厚纸包住。可燃垃圾要用专门指定的黄色垃圾袋，这个垃圾袋是要钱的，也就是说不像中国随便拿个袋子装。这么做也是让大家尽量少产生垃圾。

接下来是可再生资源垃圾里的瓶罐类，包括易拉罐、啤酒瓶、矿泉水的塑料瓶。瓶罐在装入专用透明袋前，把里面残余饮料倒掉并洗净（防止发臭），不要踩扁，因为作为可循环利用到时送去垃圾处理厂可自动识别。

可再生资源垃圾要用透明袋子，方便回收员确认。如果分类错了，会被贴上标签，留在原地。比如对于普通的矿泉水瓶的处理，首先拧下盖子，然后撕开瓶外包装纸，这样一个瓶子就分了三部分。包装纸和瓶子归类为资源垃圾。盖子如果是金属制的话归为可燃垃圾，如果是塑料的话归为资源垃圾。

接下来是可循环利用的纸质垃圾，如报纸杂志、纸箱、信封、包装纸、纸袋、厕纸的圆筒纸芯、日历、笔记本等。

塑料包装类包括洗涤剂的塑料瓶、泡沫类的餐盒、杯子、塑料袋等。

小型金属、喷雾罐类，如热水壶、锅、平底锅、勺子、喷雾剂等。扔时要除掉表面上的油渍，特别是喷雾剂要用完，防止产生爆炸。然后，装入透明袋中，并写上"金属"二字。当然还有其他资源类垃圾，如旧衣服、旧毛巾等。

最后是大型垃圾，包括衣橱、床、自行车、被子等。扔大型垃圾可不是免费的，而是需要付钱的。

首先你需要打电话给处理大型垃圾中心预约来回收的时间，然后去便利店买一张处理大型垃圾的手续券贴在上面，根据重量还要交处理费（100Kg以下1000日元）。这才可以合法地扔掉。而"家电四大件"的电视、空调、冰箱、洗衣机需要自己联系电器商店来收购。

在日本垃圾回收的时间和地点是固定的，并不是喜欢什么时候扔就什么时候扔。因为厨余垃圾会产生味道，所以可燃垃圾一周有两次回收的时间。而其他的资源垃圾一周回收一次。具体时间各地区不一样，比如周一、周四上午8点半回收可燃垃圾，周三8点半回收资源垃圾。如果睡过头错过了这个时间，那就只能放在家臭上几天。所以，一般家庭主妇都会把扔垃圾的时间贴在厨房最显眼的位置。一些地方也会用网罩，防止乌鸦、路过的喵星人乱翻垃圾。

分类后怎么处理？

分类后的垃圾一般是先被运往回收中心做简单的压缩捆包，然后在送去专门制造厂。比如，纸质会被送到造纸厂，用以生产再生纸或厕纸等；饮料瓶、罐和塑料等被送到的工厂处理后做成新的瓶罐。

在垃圾焚烧过程中可以带来发电，同时焚烧后的垃圾渣可以用来铺路和填海，垃圾经过循环处理变废为宝。如果事先做好垃圾分类，资源处理就变得事半功倍。日本人平时垃圾分类的习惯无形中对整个国家贡献着一份力量。

为什么日本人能够"忍受"垃圾分类？

对于如此细致的垃圾分类，你可能纳闷为什么日本人能够每天忍受对垃圾的温柔处理，并且自觉做到这么好。其实这与日本的法律、教育以及民众的道德意识是分不开的。

首先是严苛的法律。日本对垃圾分类制定相关法律。如果随意乱丢废弃物，最严重的将被处以5年以下有期徒刑，并处罚金1000万日元（简直天价罚款）；法律还要求公民如果发现胡乱丢弃废弃物者要立即举报。

其次，日本人从小接受环保教育。从幼儿园就开始，孩子就被教育不随便丢垃圾。到了高年级社会课中，会实地考察参观居住地的垃圾处理厂，让学生们都能切身体会到垃圾分类的重要性。

另外，就是道德约束。在日本，人们已经把是否按照规定对垃圾进行分类作为评判公民道德和社会责任感的重要标准。如果不严格地执行垃圾分类的话，不仅将面临罚款，还将在小区落下个"不履行垃圾分类"的坏名声。

（五）主动

在全球化和信息化的时代，默默无闻、埋头苦干的人一般"很难得到"更多的提升机会，因为要让上级发现你的能力和才干还需要一段相当长的时间，而那些能够积极展示自我的人更容易脱颖而出。在公司里，经常得到晋升机会的人，大多是能够积极展示和表达自己的、有进取心的人。当他们还是公司的一名普通员工时，只要和公司利益或者团队利益相关的事情，他们就会不遗余力地发表见解、贡献主张，帮助公司制订和安排工作计划；在完成本职工作后，他们总能协助其他人尽快完成工作；他们常常鼓励自己和同伴，提高整个队伍的士气；这些人总是以事为本、以事为先——他们都是最积极主动的人。

成功人士的首要标志是他的心态，如果一个人的心态是积极地、乐观地面对人生，乐观地接受挑战和应付困难，那他就成功了一半。说到底，如何看待人生，由我们自己决定。成功的要素其实掌握在我们自己的手中。成功是运用积极心态的结果，一个人能飞多高，并非由其他因素，而主要是由他自己的心态所决定。

拿破仑·希尔告诉我们，我们的心态在很大程度上决定了我们人生的成败，人与人之间只有很小的差异，但这种很小的差异却造成了很大的差异。很小的差异就是所具备的心态是积极的还是消极的，巨大的差异就是成功和失败有了积极的心态却不能保证事事成功，但积极的心态肯定会改变一个人的日常生活。拥有一份积极的工作态度，为自己加重筹码，才能赢得老板的赏识，逐步实现职业理想。

故事启迪

英国著名科学家法拉第是伦敦贫民区一个穷铁匠的儿子，几乎没有上过学，做了几年报童，13岁起在钉书店当学徒。他酷爱读书，还从微薄的工资收入中挤出钱来拼凑成了简陋的实验室，业余时间进行某些简单的实验。20岁时，有一位顾客送给他英国著名化学家戴维的几次讲演的入场券，他得以听到皇家研究院院长的讲演。在听完讲座后，法拉第整理了戴维这些演讲的记录，将其装订并到皇家研究院送给戴维，同时请求参加戴维的实验室工作。戴维正好缺少一位助手，不久他就雇用这位申请者。最终法拉第成长为英国19世纪最伟大的实验物理学家、皇家研究所所长。

当时，一个贫穷的装订工能听到著名科学家的演讲确实是难得的机遇，但法拉第如果没有平常积累的能力，没有主动去皇家研究院找院长自荐，这个机遇又有什么价值呢？能够主动发现机遇、抓住机遇、创造机遇的人往往都能具有敏锐的洞察力和预测能力。在一开始的时候，我们不一定能够具备这种能力，但我们至少要有这种意识。

三、职业素养理论

"素养冰山"是美国著名心理学家麦克利兰于1973年提出了一个著名的模型，如图1所示。所谓"冰山模型"，就是将人员个体素质的不同表现表式划分为表面的"冰山以上部分"和深藏的"冰山以下部分"，如图1所示。

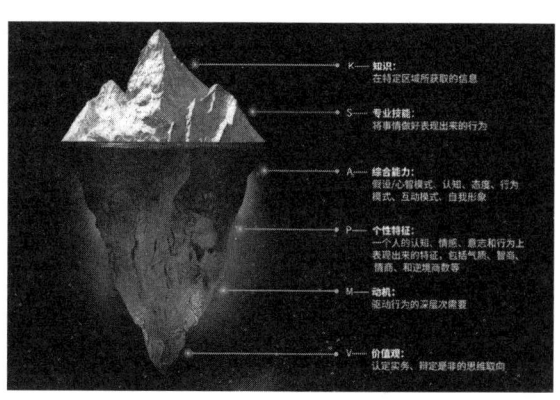

图1　"素养冰山"模型

"素养冰山"理论认为，个体的素质就像水中漂浮的一座冰山，水上部分的知识、技能仅仅代表表层的特征，不能区分绩效优劣；水下部分的动机、特质、态度、责任心才是决定人的行为的关键因素，鉴别绩效优秀者和一般者。大学生的职业素养也可以看成一座冰山：冰山浮在水面以上的只有1/8，它代表大学生的形象、资质、知识、职业行为和职业技能等方面，是人们看得见的、显性的职业素养，这些可以通过各种学历证书、职业证书来证明，或者通过专业考试来验证。而冰山隐藏在水面以下的部分占整体的7/8，它代表大学生的职业意识、职业道德、职业作风和职业态度等方面，是人们看不见的、隐性的职业素养。显性职业素养和隐性职业素养共同构成了所应具备的全部职业素养。由此可见，大部分的职业素养是人们看不见的，但正是这7/8的隐性职业素养决定、支撑着外在的显性职业素养，而显性职业素养是隐性职业素养的外在表现。因此，大学生职业素养的培养应该着眼于整座"冰山"，并以培养显性职业素养为基础，重点培养隐性职业素养。当然，这个培养过程不是学校、学生、企业哪一方能够单独完成的，而应该由三方共同协作，实现"三方共赢"。

★ 活动与体验

活动一　关于工作意义的问卷和交流

关于工作的意义见下表1：

表1　工作意义统计

工作的意义				
工作的经历	耗费的精力	满意程度	个人利益水平	社会效益水平

说明：

（1）第一栏，"工作的经历"下面，参与者列举出自己曾经做过的所有形式的工作，包括非正式、可能没有报酬的工作，如家务劳动。

（2）第二栏，"耗费的精力"下面，参与者需要指出每项工作所耗费的一种或多种精力，如体力P、智力M、情感E、精神S。

（3）第三栏，"满意程度"下面，参与者可以写出自己对这种工作的满意程度：非常满意HS、满意AS、比较不满意LS、不满意NS。

（4）第四栏，"个人利益水平"下面，参与者需要写出这些工作所带来的各种利益。个人层面的利益侧重参与者自身从工作中所获取的利益，社会效益强调这一工作对他人、组织和社会的贡献。

（5）问卷填写好后，针对参与者的低满意度的工作进行思考，相互交流对话，得到领会和感悟．对这些工作重新定位。

活动二　企业需要什么样的员工

在从事职业素养的研究过程中，有关学者走访了约500家企业，分别对人力资源部经理、董事长或总经理进行了采访：

问：您的企业需要什么样的员工？

答：因为岗位不同，要求也不同，但总体来说希望员工能做到德才兼备。

问：德才兼备是社会对职业人的总体要求，您是否可以为我们描述一下德才兼备的细节呢？

答：就是品德、修养；才，就是才干、能力。也就是说，我们需要忠诚、负责、敬业的员工，同时需要他有与岗位相匹配的能力。

问：那您觉得德与才哪个更重要呢？

答：德行胜于才干。

问：您怎样对待有德无才的员工？又怎样对待有才无德的员工？

答：对有德无才者，尽力培养；对有才无德者，利用后清除。

问：高校扩招后，大学由精英教育转为大众教育，就业矛盾日益突出，您觉得大学生应该怎么做才能顺利就业？

答：就业率低，主要和社会环境与教育方式有关，当然，最主要的因素还是大学生自身。这个世界很公平，不能就业者说明自身有严重问题。要说怎样做才能顺利就业，我想无外乎两点：（1）努力提高自身修养，培养良好的职业意识与职业习惯。（2）刻苦学习专业知识，使自己初步具备动手能力。

请你根据对话内容谈一谈对大学生职业素养现状的认识以及感想：

_____

_____

★职场实训

【案例1】

在一次招聘会上，重庆理念科技产业有限公司招聘了21名大学生。让人始料未及的是，在随后不到4个月的时间里，该公司陆续开除了其中的20名本科生，仅仅留下了一名大专生。据该公司反映，这些大学生被开除的主要原因是他们的自身素质和道德修养不能胜任公司的人才需求。

第一批被公司除名的是两名来自某重点大学的计算机高才生。他们在第一次与客户谈完生意后，将价值3万多元的设备遗忘在出租车上。面对经理的批评，两人却振振有词地说："对不起，我们是刚毕业的学生。学生犯错是常事，你就多包涵吧！"两人终因修养不够、"言多语失"而被开除。据记者了解，像这两名本科生一样，其余十几名本科生被开除的主要原因也是与个人修养存在缺失有关。第三个被公司"扫地出门"的是一名本科毕业的女学生，喜欢睡懒觉，上班经常迟到，还在工作时间上网聊天，经多次警告仍置若罔闻，最终被公司"开回家"。

另有3名大学生因"张狂"而被"卷了铺盖"。他们在与客户吃工作餐时，夸夸其谈，大声喧闹，弄得客户和公司领导连交谈的时机都没有。席间，更有一名男生张嘴吐痰，一口痰刚好落在了客户的脚边，惊得客户一下子从凳子上跳了起来。该男生却像什么事都没有发生一样继续吃饭。结果可想而知。最让人难以接受的是，有一次，公司老总带领公司员工到外地搞促销，在海边租了一套别墅，有20多间客房，但员工有100多人，很多老员工甚至老总都只能睡在过道上。而有些新来的大学生却迅速给自己选定好房间，然后锁上房门独自看电视。这些学生好几次走出房门看见长辈睡在地上，竟都视而不见、不吭一声。此事又让几名大学生丢了饭碗。

最后被开除的是一名男生，他没与对方谈妥业务就飞到南京，让公司白白花了几千元的飞机票。当领导问及此事，他却不依不饶："我没错，是他们变卦，你是领导我也不怕！"他被开除后，邀约两名同事一起走；接下来，3人又从公司里拉走了几个人。就这样，3个多月下来，20名本科生全都离开了公司。而唯一没有被"炒掉"的"幸运儿"是一位女大专生。

"我只是比别人更清楚，自己比别人少了什么东西。我虽然没有很高的文凭，但我觉得细微之处见匠心。""尤其是在和客户面对面接触的时候，可能会因为你的一个眼神，或者是你的微笑不到位，就让人觉得心里不舒服。这种不舒服如果转变成一种对立的话，势必影响到工作，对公司的业务发展也可能有很大的甚至是负面的影响。"在她看来，作为公司的一员，应该懂得自己的言行必须符合公司的正当利益。对自己的前途负责，首先是对自己所在单位负责、对工作负责。在她的工作记录本封面上写着两个字：用心。

她介绍说："因为刚接触工作，很多东西都需要学习，自己就借公司其他员工的资料看，经常看到深夜。""而且我特别喜欢问，几乎公司上上下下的同事都被我问遍了，大家都笑话我是十万个为什么。"

正是这份勤奋和谦逊,让这位女大专生笑到了最后。

请分析:

(1) 这位女大专生能够最终被录用留下来的原因是什么?

_____

_____

(2) 这位女大专生是如何提升自己的?

_____

_____

【案例2】

油漆工小胡干活非常专心认真,时时处处为业主着想。为了把暖气盖后面的墙也能漆得完好,他把暖气片上的挡板都卸了下来;为了防止油漆把暖气盖子滴脏,他还专门找了些塑料薄膜蒙上。他甚至用塑料薄膜和胶带把防盗门也包上以防止防盗门被油漆滴脏或者把门磕伤。等业主搬完家后,小胡还会主动前来修补。

我对于小胡这么积极主动很感动,同时又有些不理解,因为许多师傅都是经过三番五次打电话,他们才肯前来修补的。我用开玩笑的口吻把我的想法说了出来。他笑着说:"不是您想的那样的,其实,我们干活不是给您一个人看的,是给好多人看的,如我们的老板、老板娘、我的同行——我相信你家对门邻居的油漆师傅也会进来看看我干的活怎么样,然后他会在自己心里评价一番的。还有你的一些朋友,也能看到我干的活。我要让我干的活对得起大家。虽然你在墙上撞损了不是我的事情,但是,大家看着非常别扭,同时也影响我个人的名声。"

接着,小胡继续解释:"我刚来北京的时候,可以说是人生地不熟的,开始的时候,是给远郊县的农家唰唰外墙。后来一个装修队的老板看了我干的活后,很满意。他从业主那里找了我的手机号,我才算有个固定工作的地方,工资收入开始有保证了。我们油漆工也是分档次的,如果你干的活很细致很好,就会得到老板的重视,就会给你涨工资。所以,我觉得工作态度很重要,口碑很重要……"

请分析:

(1) 小胡在工作中的得与失分别有哪些?

_____

_____

（2）小胡的工作为什么越干越好？

（3）在工作中小胡体现了哪些可贵的品质和职业精神？

★拓展测试

你的职场精神力量

本测试包含10道题目，按照每一道题目下方列出的答案，选择最接近自己当前状态的一个选项，最后按照测评标准进行分数累积计算。

1．你有远大的理想（比如做一名摄影师，拍摄各国风光），曾为之努力过一段时间，目前：

　　A．虽然很渺茫，但一直在努力，相信最终能实现

　　B．理想与现实的差距太大，先解决生存问题再说

　　C．都什么时代了，还谈理想，幼稚

2．你能力不差，工作也很卖力，但迟迟得不到提升，你认为：

　　A．没有背景，无人提携

　　B．资格老不如运气好

　　C．自己低头干活，学不会溜须拍马

3．在同事关系上，你的处理方式是：

　　A．积极与每位同事处好关系，说不定哪天用得着

　　B．勉强敷衍，既不得罪，也不融洽

　　C．自己与同事关系好坏无关紧要

4．你怎样处理你的人脉资源：

　　A．尽量开辟和维护，不断扩大人脉圈

　　B．保持现状而已

　　C．靠人不如靠己，好好做自己的事情吧

5．你所熟悉的张三，个人条件和能力远不如你，但他已经有了自己的事业，且发展态势良好，你怎么看：

A. 真诚地向他学习和请教，并希望得到他的帮助

B. 有点嫉妒，但对现状自我感觉也不错

C. 他不过交了狗屎运，总有一天会失败的

6. 有了稳定的家庭和可靠的生活保障，你会：

　　A. 勇往直前，不断调高既定的目标

　　B. 干好本职工作，慢慢寻找机会

　　C. 宁愿裹足不前，为了老婆孩子，可不能冒险了

7. 有位同事条件和你差不多，最近却得到老板的格外重视，你会：

　　A. 对自己做出客观的分析，找出差距并努力改进

　　B. 做好自己的工作就行

　　C. 才不在乎呢，看他能得意多久

8. 在某次活动中，同事们推举你做主持，你会：

　　A. 感谢同事们的信任，想方设法把主持工作做好

　　B. 可以试一试，不知道能不能做好

　　C. 不感兴趣，断然拒绝

9. 得知有人在背后说你坏话，你会：

　　A. 非常生气，调查清楚后，找此人面谈

　　B. 不会那么冲动，但会找机会澄清

　　C. 谁人背后不被人说，就当没听见

10. 有一个很好的发展机会，但你必须重新建立人际关系，你的态度是：

　　A. 当作人生的一个全新起点，欣然接受

　　B. 尽量推脱，实在推不掉，就接受

　　C. 找种种借口推脱，实在不想挪窝

计算说明：

每道题的选项得分分别是：A——3分，B——2分，C——0分。将每道题选项结果对应的分数累加。

测评结果：

（1）0～12分：你已经缺少精神力量，感觉前途渺茫而迷失了理想，也就无所谓信念；可能实现过既定目标，但因感觉疲惫不堪而没有调高目标。你得过且过，不在乎人际关系的好坏，甚至尽可能地减少与外人的接触，将自己封闭在狭小的

圈子。

（2）13～22分：你还有一定的精神力量，但被"残酷"的现实消磨或遮蔽。你想积极进取，也考虑过尽量处好人际关系，但遭遇挫折或受打击后，你变得小心翼翼，患得患失。

（3）23～30分：你具有强大的精神力量，是一个激情澎湃的人，通过多年的奋斗后，你不但没有消磨意志，反而激发了新一轮战斗精神。你对理想坚定不移，对前途充满期待，能积极处理人际关系，拥有广泛人脉，并运用人脉资源帮助事业成功。

模块二　职业理想

★案例探析

鲁迅青少年时，目睹半殖民地半封建的旧中国的现实，毅然去南京报考了水师学堂，后来又转入江南矿务铁路学堂去学矿业，力图通过开矿发展工业来拯救民族危亡。但是，这种理想道路却根本走不通，于是，他又确立了"学医救国"的志向，进入日本的仙台医学专科学校。

一天，在上课时，教室里放映的片子里一个被说成俄国侦探的中国人，即将被手持钢刀的日本士兵砍头示众，而许多站在周围观看的中国人，虽然和日本人一样身强体壮，但个个无动于衷，脸上是麻木的神情。这时身边一名日本学生说："看这些中国人麻木的样子，就知道中国一定会灭亡！"鲁迅听到这话忽地站起来向那说话的日本人投去两道威严不屈的目光。昂首挺胸地走出了教室。他的心里像大海一样汹涌澎湃。一个被五花大绑的中国人、一群麻木不仁的看客——在脑海闪过，鲁迅想到如果中国人的思想不觉悟，即使治好了他们的病，也只是做毫无意义的示众材料和看客。现在中国最需要的是改变人们的精神面貌。

于是，鲁迅先生又断然放弃了学医救国的理想，弃医从文，拿起了锋利的笔进行文艺创作，从此，鲁迅把文学作为自己的目标，用手中的笔做武器，写出了《呐喊》、《狂人日记》等许多作品，写了大量揭露旧社会的罪恶、唤起人们觉醒的檄文。向黑暗的旧社会发起了挑战，唤醒了数以万计的中华儿女，起来同反动派进行英勇斗争。直到生命的最后一刻，他仍夜以继日地写作，最终成为我国伟大的思想家、文学家和文化革命的旗手。

请同学们思考

（1）想一想鲁迅的选择给我们的启示。

（2）说一说个人目前理解的人生意义。

★ 认知与理解

一、职业理想

职业理想是指人们在一定的世界观、人生观、价值观的指导下，对自己未来将从事的专业、工作部门、工作种类、发展目标所做出的想象和设计，以及对自己在事业上获取成就大小的向往和追求。树立正确的职业理想，对学生正确处理择业问题和正确对待职业生涯、最大限度地施展自己的才华和实现自身人生价值具有十分重要的意义。职业定位是一个理性审视自我的过程，是在了解自我基础上确定自己职业的方向与目标，并制订相关计划，避免就业盲目性，走向职业成功的有效途径和方法。

职业理想不仅是职业上的奋斗目标，而且必须是一种有可能或者有希望实现的奋斗目标，愿望与可能的统一是职业理想的重要特点。

理想源于现实，是从现实条件出发确定的。脱离了现实条件，职业理想是无源之水、无本之木，犹如空中楼阁。每个人在确定职业理想时，绝不可以脱离现实、想入非非，一定要从个人的实际出发，既考虑到自己周围的客观条件，包括社会条件、历史条件、生活环境等，又要考虑自己的主观条件，包括个人的历史、现状、能力、专长、兴趣、志愿等；要把这两方面结合起来，确定自己的职业理想，提出自己的就业方向和奋斗目标。职业理想来源于现实，又高于现实，未来和现实的统一是职业理想的又一重要特点。

职业理想反映了主观和客观的要求，是这两方面的辩证统一。职业理想既反映社会发展的客观要求，又包含人们愿意为这个要求而奋斗的主观意向，缺乏任何一个方面都不能构成职业理想；不实现这两者的统一，也不能构成职业理想。

职业理想是人们对未来社会生活的美好向往，它是反映人们对职业愿望和需求的有形化构想，是建立在客观现实发展可能性基础上的，用客观的必然趋势来展示未来的现实。职业理想是指导、激励人们通过劳动来实现人生价值的精神动力。

故事启迪

我国著名桥梁专家茅以升从小好学上进、善于思考，11岁时在家乡看到端午节龙舟比赛中桥塌人亡的悲惨情景，暗下决心：长大一定学造桥。从此，他处处留心桥、观察桥。15岁时,他以优异的成绩考入唐山路矿学堂学习。在五年里,他记录了200本笔记,约900万字,摞在一起,足有一人多高。他学成以后,就为人民造桥。1937年,他主持设计和建造了中国桥梁建筑史上第一座现代化大桥——钱塘江铁路公路两用桥。茅以升的名字和我国许多新建大桥一起永远留在祖国大江南北。他实现了个人的职业理想,也实现了为人民造福的宏愿。

(一)职业理想的形成

职业是维持个人、家庭生存和发展的手段,是获得个性发展、实现自我价值的途径,同时也是个人社会地位的象征。学生在步入职业生涯之前,就已经有了初步的职业意识和职业道德,开始形成并发展着自己的职业理想。职业理想的形成,是一个由肤浅、主观趋于成熟、稳定的发展过程。这一过程大致可分为以下几个阶段。

1. 幻想阶段

幻想阶段主要在小学时期。小学生初步具备的所谓的职业意识是以萌芽状态表现出来的,并且具有空想突出的特点。小学生以自己原始的兴趣爱好和崇拜对象形成职业理想,现实考虑极少,带有随机性,易随客观环境的刺激而变化。

2. 分化阶段

分化阶段主要是在中学时期。中学生已经初步形成了兴趣爱好和价值取向,职业理想由兴趣主导,能力占优,再到价值取向左右,并试图将兴趣和能力统一于价值观体系中。这一时期的职业理想仍然属于单纯的个人主观意识,而这种意识的职业理想到了一定阶段往往受到一定现实条件的限制。随着心理、生理等各种因素的不断发展,中学生职业理想同原来的职业理想开始出现分化,分化原因主要是中学生认识到未来职业与小学时期职业理想处于幻想阶段体状况的内在联系,他们在不断地分析比较中,选择调整自己的职业理想,并且进行各种各样的努力。

3. 成熟阶段

成熟阶段是一个由具体职业倾向到抽象职业成就过渡的职业理想逐渐稳定的过程。职业院校学生和大学生处于这一阶段的初期。专业选择是职业理想的具体表现,他们权衡各个职业的价值,选取相对价值最高的职业目标,尽管将来未必从事本专业工作，但职业院校和大学学习为将来择业就业、实现职业理想完成了前期准备。伴随着知识的增长及对社会职业了解的深入逐渐形成为某个目标或某项事业而奋斗的职业理想，即实现由倾向于具体的职业形象到倾向于抽象的职业成就感。职业院校学生和大学生的职业理想在一定时期处于不完全稳定状态，这是由他们在这一阶段的自我认知水平和心理成熟度决定的。职业院校学生和大学生处在职业社会边缘地带，并已开始向职业社会过渡，通过实践，其职业理想也逐步趋于稳定。

（二）职业理想的导向作用

理想是前进的方向，是心中的目标。人生发展的目标是通过职业理想来确立，并最终通过职业理想来实现的。同学们在现阶段的学习生活中也已经深切地感受到，一旦学习目的不明确，学习的热情就会降低，学习的效果就不明显。因此，有了明确、切合实际的职业理想，再经过努力奋斗，人生发展的目标才能得以实现。

二、职业理想的实现

（一）进行职业生涯规划

现实有了理想的指导才有前途；反之，也必须从现实的努力中才能实现理想。否则，我们就容易对现实感到失望，对前途失去信心。应该看到，我们现在所处的现实还不够完美。

职业生涯规划是作为职业人士所面临的首要问题，它是对个人职业发展的远景规划和资源配置。然而，大多数人忽视或者仅仅在表面上关注这一问题，他们希望在工作中一切都得到满足，于是总是"这山望着那山高"，而多次"追求发展机会"的结果却是不断失去发展机会。

把职业生涯规划与人生核心目标联系起来。如何实现人生核心目标，应分为几个步骤，这么浩大的工程不是一天就可以实现的，也许要很多年，要做好心理准备，打一个持久战。人生不是一天就过完了，每天都要来努力实施计划，才能更接近目标。

一百个人中最多有一两个人清楚自己一生要的是什么，并且有可行的计划、有效的实施，他们都是各行各业的领导者。世界上没有完全懒惰的人，只有缺乏激情的人，而缺乏激情人就会懒散。真正的人生是从设定目标开始的，在此以前只不过是在绕圈子而已。但是，在工作、学习中，却有一些人不清楚或不是很清楚自己的人生目标。

1. 确定志向

俗话说："志不立，天下无可成之事。"纵观古今中外，各行各业的佼佼者都有一个共同的特点，就是具有远大的志向。立志是人生的起跑点，反映着一个人的理想、胸怀、情趣和价值观，影响着一个人的奋斗目标及成就。所以，立志是进行生涯设计的关键。

2. 自我评估

自我评估就是对自己做全面分析，通过自我分析，认识自己、了解自己。因为只有认识了自己，才能对自己的职业做出正确的选择，才能选定适合自己的职业生涯路线，才能对自己的职业生涯目标做出最佳抉择。因此，自我评估是职业生涯设计的重要步骤之一。自我评估通常包括自己的兴趣、特长、性格、学识、技能、智商、情商以及管理、协调、活动能力等。

3. 生涯机会的评估

生涯机会的评估主要分析内外环境因素对自己生涯发展的影响。每一个人都处在一定的环境之中，离开了这个环境，便会无法生存与成长。所以，在制定个人的职业规划时要分析环境条件的特点、环境的发展情况、自己与环境的关系、自己在这个环境中的地位、环境对自己提出的要求及环境对自己有利与不利的条件等。只有对这些环境因素充分了解，才能做到在复杂的环境中趋利避害，使职业规划具有实际意义。环境因素评估主要包括：组织环境、政治环境、社会环境、经济环境。

4. 职业的选择

通过自我评估、生涯机会的评估，认识自己、分析环境，在此基础上对自己的职业做出抉择。也就是在进行职业选择时，要充分考虑到自身的特点，即自己的性格、兴趣和特长要充分考虑到环境因素对自己的影响。分析自我、了解自我、分析环境、了解职业世界，使自己的性格、兴趣、特长与职业相吻合。这一点对将来步入社会初选职业的大学生来说非常重要。

5. 确定职业生涯路线

在职业选择后，还须考虑向哪一路线发展。即：是走行政管理路线，向行政方面发展，还是走专业技术路线，向业务方面发展等。发展路线不同，对自身要求也不同，这一点不能忽视。因为，即使是同一职业，也有不同的岗位，有的人适合搞行政，可在管理方面大显身手，成为一名卓越的管理人才；有的人适合搞研究，可在某一领域有所突破，成为一名著名的专家学者；有的人适合搞经营，可在商海大战中屡建功勋，成为一名经营人才。如果一个人不具有管理才能，却选择了行政管理路线，这个人就很难成就事业。

6. 职业生涯目标

设定职业生涯目标，其抉择是以自己的最佳才能、最优性格、最大兴趣最有利的环境等条件为依据的。通常目标分短期目标、中期目标、长期目标和人生目标。短期目标有周目标、月目标、年目标。中期目标一般为3~5年，长期目标一般为5~10年。

7. 行动计划与措施

在确定了职业生涯目标后，行动便成了关键环节。没有行动就不能达成目标，也就谈不上事业的成功。这里所指的行动是指落实目标的具体措施，主要包括工作、训练、教育、轮岗等方面的措施。例如，为完成目标，在工作方面，计划采取什么措施来提高你的工作效率；在业务素质方面，计划如何提高你的业务能力；在潜能开发方面，采取什么措施开发你的潜能等……都要有具体的计划与明确的措施。而且这些计划要特别具体，以便于定时检查。

8. 评估与回馈

俗话说："计划赶不上变化。"影响生涯设计的因素很多，有的变化是可以预测的，而有的变化则难以预测。在这种状况下，要使生涯规划行之有效，就需要不断地对生涯规划进行评估与修订。修订的内容包括职业的重新选择、职业生涯路线的选择、人生目标的修正、实施措施与计划的变更等。

（二）实现职业理想的方式

1. 就业

所谓就业，是指劳动者运用生产资料从事合法的社会劳动，创造一定的经济和社会价值，并获得相应的劳动报酬或经营收入，以满足自己及家庭成员生活需要的经济活动。通俗地讲，就业就是找到一份工作，能够养活自己。就业必须符合以下四个条件：

第一，劳动主体必须从事社会劳动。

第二，劳动必须要有报酬或经营收入。

第三，所从事的是合法的社会劳动。

第四，劳动主体必须符合法定就业年龄。

在我国，就业人口是指年满16周岁以上、从事一定社会劳动并获取劳动报酬或经营收入的人员，包括在国有单位、城镇集体单位、股份合作单位、联营单位、有限责任公司、股份有限公司、私营企业、台港澳投资企业、外商投资企业和个体工商户从业的人员。这就是说，劳动者无论是在国家机关、事业单位、国有企业、集体所有制企业、合资企业、外商投资企业、私营企业工作，还是自主创业、自谋职业等，都应视为就业。

2. 创业

创业，顾名思义就是创建一份自己的事业。是创业者运用知识和技能，以创造性的劳动把理想转化为现实的过程。包括两层：一是在自己所从事的职业活动中，以有别于以往、有别于常规、有别于他人的思维方式和行为方式开展工作；二是自主创业，不仅解决自己的生存问题，而且还为别人提供就业岗位。在激烈的市场竞争下，创业已经成了我们这个时代的特征和潮流。对高职学校而言，开展创业不仅要有理论，更重要的还要有实践经验。因此，创业可以界定如下：

第一，创业是创造某种"有价值"新事物的过程。

第二，创业需要贡献必要的时间和极大的努力。

第三，创业要承担必然存在的风险。

第四，创业须获得物质回报与精神满足、独立自主。

三、职业理想与自我管理

（一）正确的自我定位

正确的自我定位就是要明确自己的价值观，即要明确什么对自己更重要。价值观只要符合人类的基本道德规范和法律要求，并没有好与坏、对与错之分。

故事启迪

这是我要的生活吗——马琳的价值观困惑。马琳是会计师事务所的部门经理。最近，一个无奈而郁闷的问题像幽灵一样缠绕着她：我目前的工作和生活确实是自己想要的吗？马琳每天早上6点半被刺耳的闹钟叫醒，不到10分钟梳洗完毕，花5分钟下楼，在楼下匆匆吃点早点，就急急忙忙地赶往车站。她居住的地方离上班的公司有一个半小时的路程，即使她天天祈祷着道路顺畅但也时不时地因为无奈的塞车而迟到。一座高档写字楼里一个十平方米的房间，是她的办公室：一台电脑、一部响个不停的电话、一堆没完没了的财务报表、十个枯燥无味的阿拉伯数字，就是她工作的全部。有时，主管会将她叫到办公室，劈头盖脸一顿责骂；有时，因为一个客户或一个项目与同事互起猜忌，彼此一连几天都闷闷不乐；下属已经按时下班，而她不得不因为一个报告的修改或一组数据的调整加班加点。当白天热闹的街道渐渐归于静谧时，走在迷离的灯影之中，望着来来往往亲昵缠绵的情侣，马琳突然想到自己30岁的生日就要到了。可是，自己真正的家在哪里？自己要相伴生活的人在哪里？或许在别人和同学的眼里，她是一个能干出色的高级白领，有着一份体面的工作和不菲的收入，可是有谁会知道她心中的孤独与寂寞呢？回到空荡荡的那套租来的一居室里，马琳看着镜子中自己那张已稍显松弛的脸庞，一阵说不出的恐惧、迷茫与惆怅向她袭来。

马琳为什么会出现价值观困惑呢？

如果有一份新的工作在等着你，但其先决条件是你得从现在居住的北京搬到广州去，你该怎么办？这可能会带给你很大的不便，可是这份新工作的待遇比你现在的高，又更有发展，请问你怎么决定？相信你最后考量的决定因素一定是看什么对你最重要，到底是要追求安定呢，还是成长呢？是追求生活的方便呢，还是要求一份不错的报酬呢？是以工作为重呢，还是以家庭为重呢？

（二）明确的目标管理

目标决定成功。《中庸》中提道："凡事预则立，不预则废。"拿破仑也曾说过："凡事都要有统一和决断，因此成功不站在自信的一方，而站在有计划的一方。"大学生要将自己的职业目标与人生目标有机地结合起来，而且个人发展（健康与能力）、事业经济（理财与职业生涯目标规划）应从一生的目标写起，然后分别订出十年计划，五年、三年、一年计划，以及一月、一周、一日计划。计划订好后，再从一日、一周、一月计划实行下去，直至实现一年目标、三年目标、五年目标、十年目标。

故事启迪

在一次员工培训班上，一位著名的美国人力资源专家讲了耶鲁大学的一项跟踪调查的研究。研究人员向参与调查的学生们问了这样一个问题："你们有自己的目标吗？"有10%的学生确认他们有目标。然后，研究人员又问了第二个问题："如果你们有目标，那么，你们是否把自己的目标写下来呢？"这次，只有4%的学生的回答是肯定的。20年后，当耶鲁大学的研究人员在世界各地追访当年参与调查的学生们的时候，他们发现，当年把自己的人生目标写下来的那些人，无论从事业发展还是生活水平上说，都远超过了那些没有这样做的同龄人，这4%有目标的人所拥有的财富超过其他人的总和。

培训结束，讲课的专家问了一个问题："你们知道在耶鲁大学的那个研究里，那些没有把人生目标写在纸上的人们一生都在干什么呢？"大家面面相觑。专家爽快地告诉了大家答案："这些人忙忙碌碌，一辈子都在直接或间接地、自觉或不自觉地帮助那4%有目标的人们实现他们的奋斗目标。"

尽管多数管理者都了解，目标足以提供行动的方向，但却只有少数管理者能真正了解目标对维护个人身心的稳定所发挥的积极作用。早期的登月太空人巴兹的遭遇是一个很实际的例子。他在成功地登陆月球之后，不久即发生精神崩溃。许多观察家对他的遭遇感到大惑不解，因为他在登月之前无论是家庭或是事业一直都是春风得意。后来，他在撰写的一本书中，解答了观察家对他的遭遇的疑问。他说导致他精神崩溃的原因很简单：他忘了登月之后他仍然要生活下去，换句话说，除了登月之外他没有任何其他可供追求的目标，因此一回到地球他便生活在真空状态之下，以致造成精神崩溃。

1. 目标确立的六原则

目标的确立既然那么重要，管理者应如何确立良好的目标呢？下面是六个值得参考的原则：

（1）目标必须是你自己的。

（2）目标必须切合实际。

（3）目标必须用书面形式列明。

（4）目标必须具体而且可以衡量。

（5）目标必须具有期限。

（6）目标之间必须相互协调。

2. 具体目标的确定

在确立某一目标时，管理者必须衡量实现该目标所需的总时间；然后，将这个总时间区分为若干细小的单位，以便令管理者在每一单位时间内只需照顾目标的一小部分。例如，一个为期五年才能实现的长远目标可以区分为五个"年度目标"，而每一个"年度目标"又可区分为四个"季目标"，每一个"季目标"又可区分为三个"月目标"，"月目标"又可区分为"周目标"，以至"日目标"。以上所说的即是一般所谓的"目标金字塔"。

在上述长远、年、季、月、周、日六个层次的目标之中，最容易把握的是"周目标"与"日目标"。"周目标"与"日目标"的实现有赖于若干活动的进行，因此管理者必须依据周目标及日目标分别编制"每周工作计划表"及"每日工作计划表"。

"每周工作计划表"及"每日工作计划表"中可设一栏填写履行各项工作的优先次序。该优先次序的编排对管理者能否有效地实现目标具有决定性的作用。

（三）有效的时间管理

人生管理实质上就是时间管理，时间的稀缺性体现了生命的有限性。卓有成效的职业人要最终表现在时间管理上，表现在能否科学地分析时间、利用时间、管理时间、节约时间，进而在有限的时间里，创造自身职业价值的最大化。彼得·德鲁克说过："卓有成效的管理者懂得：要使用好他的时间，他首先必须知道自己的时间实际上是怎样花掉的。"因此，做好时间管理的前提是对自己的时间进行科学的分析。

1. 时间管理的"二八"法则

故事启迪

穆尔于1939年大学毕业后,在哥利登油漆公司找到做业务员的工作。当时的月薪是160美元,但满怀雄心壮志的他仍拟定了一个月薪1000美元的目标。当穆尔逐渐对工作感到得心应手后,他立即拿出客户资料以及销售图表,以确认大部分的业绩来自哪些客户。他发现,80%的业绩都来自于20%的客户。同时,他还发现不管客户购买量的大小,他花在每个客户身上的时间都是一样的。于是,穆尔的下一步就是将其中购买量最小的几个客户退回公司,然后全力服务其余20%的客户。

结果如何?第一年,他就实现了月薪1000美元的目标;第二年,便轻易地超越了这个目标,而成为美国西海岸数一数二的油漆销售商。最后还当了凯利穆尔油漆公司的董事长。

穆尔的成功对你有哪些启发?

这个故事除了告诉我们树立正确目标的重要性,还体现了帕累托原则(也称80/20原理)总结果的80%是由总消耗时间中的20%所形成的。19世纪意大利经济学家帕累托提出了帕累托原则,其核心内容是生活中80%的结果几乎源于20%的活动。比如,20%的客户给你带来了80%的业绩;世界上80%的财富是被20%的人掌握着;世界上80%的人只分享了20%的财富。

按事情的"重要程度"编排行事优先次序的准则是建立在重要的少数与琐碎的多数的原理基础上的。比如,80%的销售额是源自20%的顾客;80%的电话是来自20%的朋友,总产量来自20%的产品;80%的财富集中在20%的人手中……

80/20原理对我们的一个重要启示便是:避免将时间花在琐碎的多数问题上,因为就算你花了80%的时间,你也只能取得20%的成效。所以,你应该将时间花于重要的少数问题上,因为掌握了这些重要的少数问题,你只需花20%的时间,即可取得80%的成效。

掌握重点可以让你的工作计划不致偏差。一旦一项工作计划成为危机时,犯错的概率就会增加。我们很容易陷在日常琐碎的事情处理中;但是,有效进行时间管理的人,总是确保最关键的20%的活动具有最高的优先级。减少无谓的时间浪费;规律和生活法则隐藏在复杂的社会现象之中。合理运用它们,许多复杂和疑难问题会迎刃而解。

经常性地把精力和感情投入到80％的泛泛之交的朋友身上，而对于那20％的真正朋友却没有花多少时间。这种神秘的不平衡无处不在、无处不有，存在于社会生活的各个领域中。

了解了"二八"法则的真面目后，我们就应该清楚地知道自己该做什么了：并不是所有的产品都一样重要，并不是所有的顾客都同样重要，并不是所有的投入都同样重要，并不是所有的原因都同样重要，千万不能被表象所迷惑，要分清主次、抓住重点。

记住：在任何一组东西中，最重要的只占其中一小部分，约20％，其余80％尽管是多数，却是次要的。

2. 时间管理的"四象限"原则

（1）时间消耗的类型

时间主要消耗在四类活动上，按照所做事情的重要性和紧急性将花费时间的事情可分成四类。重要的和紧急的这两个词存在着很大的不同，重要的是指有意义的和可以带来一定后果的事情或者对我们期望的执行目标具有重要性；而紧急的则是需要即刻做出反应的事情。

按照这两个变量，我们将时间花费分为如表2所示的4种不同情况：

表2 时间管理"四象限"原则

项目		紧 急	不紧急
重 要		第一象限：重要又紧急 临考准备不足 有时间要求的工作计划 事关大局的急迫问题 有难度的事情	第二象限：重要但不紧急 综合素质的拓展 制订计划、未雨绸缪的工作 学习能力的提升 人际关系的建立
不重要		第四象限：紧急但不重要 朋友的邀请 不速之客 某些电话、信件、邮件 某些宴会、论坛	第三象限：不重要又不紧急 网络游戏 阅读小说 某些闲聊的拜访或电话 网上聊天

第一象限是重要又紧急的事。

诸如应付难缠的客户、准时完成工作、住院开刀等等。这是考验我们的经验、判断力的时刻，也是可以用心耕耘的园地。如果荒废了，我们很可能会变成"行尸走肉"。但我们也不能忘记，很多重要的事都是因为一拖再拖或事前准备不足，而变成迫在眉睫的。

第二象限是重要但不紧急的事。

主要是与生活品质有关，包括长期的规划、问题的发掘与预防、参加培训、向上级提出问题处理的建议等。荒废这个领域将使第一象限日益扩大，使我们陷入更大的压力，在危机中疲于应付。反之，多投入一些时间在这个领域有利于提高实践能力，缩小第一象限的范围。做好事先的规划、准备与预防措施，很多急事将无从产生。这个领域的事情不会对我们造成催促力量，所以必须主动去做，这是发挥个人领导力的领域。

第三象限属于不紧急也不重要的事。

简而言之就是浪费生命，所以根本不值得花半点时间在这个象限。但我们往往在一、四象限来回奔走，忙得焦头烂额，不得不到第三象限去疗养一番再出发。这范围内的事倒不见得都是休闲活动，因为真正有创造意义的休闲活动是很有价值的。然而，像阅读令人上瘾的无聊小说、看毫无内容的电视节目、办公室聊天等，这样的休息不但不是为了走更长的路，反而是对身心的损害，刚开始时也许有滋有味，到后来就会发现它们让你感到空虚。

第四象限是紧急但不重要的事。

表面看似第一象限，因为迫切的呼声会让我们产生"这件事很重要"的错觉——实际上就算重要也是对别人而言。电话、会议、突访来客都属于这一类。我们花很多时间在这个里面打转，自以为是在第一象限，其实不过是在满足别人的期望与标准。

现在不妨回顾一下上周的生活与工作，你在哪个象限花的时间最多？请注意，在划分第一和第四象限时要特别小心，急迫的事很容易被误认为重要的事。其实二者的区别就在于这件事是否有助于完成某种重要的目标，如果答案是否定的，便应归入第四象限。

（2）时间花费集中在二象限

你将时间投入到不同的象限，你会成为不同的人，事实上所谓成功和失败也因此而来。

偏重第一象限事务的人是"救火队长"式的高压人，他们由于方法不当，缺乏规划，抓不住工作重点，不善于科学授权，因而在工作中漏洞百出，整天陷入似乎既紧急又重要的事务之中。这些人压力巨大，超负荷运转，但工作成效却微乎其微，即使取得了一些工作业绩，也是用自己的精神压力、身体健康或家庭幸福换来的。

偏重第三、第四象限的人不是一个失败者就是一个平庸无为的人。这些人急功近利，缺乏自制和自律，对工作乃至自己的生命不负责任，随波逐流，偷懒耍滑。要么整日忙碌一些琐碎而且毫无意义的事，有苦劳但没有功劳；要么得过且过，碌碌无为。

要想成为一个优秀的职业人，最需要做的是第二象限的工作。有效的计划时间管理不是让你做更多紧急的事情，而是将花费在一、三、四象限上面的时间最小化，而将更多的时间投入到第二象限——对目标执行真正重要的事情上面。第二象限的事情尽管很重要，但往往不紧急，可它们却是我们生命中的大石块，我们经常会忽略它们或是不断被拖延，如关心家庭、孝顺父母、制订计划、坚持学习、提升能力、锻炼身体、休闲娱乐等。

★活动与体验

活动一　个人发展目标

（1）我的身体健康状况如何？

_____

_____

（2）健康的身体应该是什么状态？

_____

_____

（3）我的心理健康状况如何？

_____

_____

（4）健康的心理应该是什么状态？

_____

(5) 为了保持良好的身心健康状态,我应该制定什么样的目标、计划,采取什么样的措施?

_____

_____

_____

(6) 为了实现职业生涯目标,我目前的知识、智慧、能力、技巧等方面准备充分了吗?

_____

_____

_____

(7) 就我个人而言,实现人生目标的最大障碍是什么?我应该如何克服这些障碍?

_____

_____

_____

(8) 我具备职业和事业发展所应该具备的资质吗?

_____

_____

_____

(9) 我还有哪些潜力没有发挥出来?哪些能力需要提升?如何发挥和提升?

_____

_____

_____

(10) 我应该制定一个什么样的终生学习目标和计划?如何实现这些目标和计划?

_____

_____

_____

活动二　制作下一周你的时间安排表

假设现在是星期天的晚上,你要计划未来五天的日程,你如何安排?请填在表3中。

表3　未来五天日程安排

待处理的事情	重要而紧急	重要但不紧急	不重要但紧急	不重要也不紧急	备注
1					
2					
3					
4					
5					

活动三　请闭目一分钟思考这个问题

如果你的余生只剩下三天,你会做哪三件事情?

第一件事情:_____

_____

_____

_____

第二件事情:_____

_____

_____

_____

第三件事情:_____

★职场实训

【案例1】

某天早晨,小张在上班途中信誓旦旦地下定决心,一到办公室即着手草拟下年度的部门预算。他很准时地于九点整走进办公室,但他并没有立刻从事预算的草拟工作,因为他突然想到不如先将办公桌和办公室整理一下,以便在进行重要工作之前为自己提供一个干净与舒适的环境。他总共花了三十分钟的时间,才使办公环境变得有条不紊。

他虽然未能按原定计划于九点钟开始工作,但他丝毫不感到后悔,因为三十分钟的清理工作不但已获得显然可见的效果,而且还有利于工作效率的提高。他面露得意神色,随手点了一支香烟,稍作休息。此时,他无意中发现桌上的一份商业报告内容十分吸引人,于是情不自禁地拿起来阅读。等他放下这份报告时,已经十点钟了。这时他略感不自在,因为他已自食诺言。不过,商业报告毕竟是精神食粮,也是沟通媒介,身为企业的部门主管怎能不关心商业信息,即使上午不看,下午或晚上则非补看不可。这样一想,他才稍觉心安。于是他正襟危坐地准备埋头工作。就在这个时候,电话铃响了,是一位顾客的投诉电话。他连解释带赔罪地花了近四十分钟的时间才说服了对方,平息了顾客的怨气。挂上了电话,他去了洗手间。在回办公室的途中,他闻到咖啡的香味。原来另一部门的同事正在享受"上午茶",他们邀他加入。他心里想,预算的草拟是一件颇费心思的工作,若无清醒的脑筋难以胜任,于是他毫不犹豫地应邀加入,就在那儿言不及义地聊了一阵。

回到办公室后他果然感到精神爽爽,满以为可以开始致力于工作了。可是,一看表,已经十一点二十分了,离十一点半的部门联席会议只剩下十分钟。他想反正这么短的时间内也办不了什么事,不如干脆把草拟预算的工作留待明天算了。

(1)小张在时间管理上存在哪些的问题?

（2）你的学习工作中存在类似的问题吗？请举例说明。

★ 拓展测试

关于高职生时间管理的调查

古人云："一寸光阴一寸金，寸金难买寸光阴。"那么，我们怎样才能利用好自己的时间呢？

个人信息：年级：A．大一　　B．大二　　C．大三　　D．大四

性别：A．男　　B．女

问题：

1. 你早上一般什么时候起床？

    A．6:00以前

    B．6:00~6:30

    C．6:30~7:00

    D．7:00以后

2. 早上起床后，你有时间吃早饭吗？

    A．没有

    B．有

    C．没有吃早饭的习惯

3. 午饭过后，你都做些什么？

    A．休息

    B．在寝室聊天

    C．看书

    D．其他

4. 晚上没有课的时候，你在做什么？

    A．看电影

B. 上网

C. 进行体育锻炼

D. 主动上晚自习

E. 其他

5. 一般情况下，你晚上什么时候睡觉？

   A. 9:30～10:00

   B. 10:00～10:30

   C. 10:30～11:00

   D. 11:00以后

6. 周末你和室友们都做些什么？

   A. 去校外游玩、逛街

   B. 大部分时间在寝室

   C. 上网

   D. 上自习

   E. 其他

7. 你给自己制订什么阶段计划了？

   A. 没有

   B. 本学期的

   C. 本年的

   D. 大学四年的

   E. 一生的

8. 与高三那年相比，你对自己现在的大学生活有何感受？

   A. 今非昔比

   B. 碌碌无为

   C. 丰富多彩

   D. 充实

   E. 迷茫

9. 你给自己制作过时间安排表吗？

   A. 没有

   B. 有

   C. 制作了，但没有付诸行动

10．踏入大学的那一刻，我们对大学生活有太多的憧憬和计划，到目前为止，你有多少计划与目标已经实现？

  A．四分之一

  B．二分之一

  C．四分之三

  D．全部

  E．都没有实现

没能实现的原因是什么？

其实，时间就是财富，只有学会珍惜时间，学会合理支配，学会专心致志，才能充分利用时间这笔最宝贵的财富，收获一个辉煌灿烂的人生！

拖延商数的测验

请据实选择以下每一个陈述最切合你的答案：

1．为了避免对棘手的难题采取行动，我于是寻找理由和借口。

  A．非常同意

  B．略表同意

  C．略表不同意

  D．极不同意

2．为使困难的工作能被执行，对执行者施加压力是必要的。

  A．非常同意

  B．略表同意

  C．略表不同意

  D．极不同意

3．采取折中办法以避免或延缓不愉快的事，对于我是困难的工作。

  A．非常同意

  B．略表同意

  C．略表不同意

  D．极不同意

4．我遭遇了太多足以妨碍完成重大任务的干扰与危机。

  A．非常同意

  B．略表同意

C. 略表不同意

D. 极不同意

5. 当被迫从事一项不愉快的决策时，我避免直截了当的答复。

A. 非常同意

B. 略表同意

C. 略表不同意

D. 极不同意

6. 我对重要的行动计划的追踪工作一般不予理会。

A. 非常同意

B. 略表同意

C. 略表不同意

D. 极不同意

7. 试图令他人为管理者执行不愉快的工作。

A. 非常同意

B. 略表同意

C. 略表不同意

D. 极不同意

8. 我经常将重要工作安排在下午处理，或者带回家里，以便在夜晚或周末处理它。

A. 非常同意

B. 略表同意

C. 略表不同意

D. 极不同意

9. 我在过分疲劳（或过分紧张，或过分泄气，或太受抑制）时，以致无法处理所面对的困难任务。

A. 非常同意

B. 略表同意

C. 略表不同意

D. 极不同意

10. 在着手处理一件艰难的任务之前，我喜欢清除桌上的每一个物件。

A. 非常同意

B. 略表同意

C. 略表不同意

D. 极不同意

评分标准：

每一个"非常同意"评4分，"略表同意"评3分，"略表不同意"评2分，"极不同意"评1分。

（1）总分少于20分，表示你不是拖延者，你也许偶尔有拖延的习惯。

（2）总分在21至30分之间，表示你有拖延的毛病，但不太严重。

（3）总分多于30分，表示你或许已患上严重的拖延毛病。

模块三　职业道德

★案例探析

2018年7月15日，国家药监局宣布长春长生公司的狂犬病疫苗记录造假；7月17日，长春长生官网发布声明，要求立即停止使用、就地封存该公司冻干人用狂犬病疫苗，并启动召回程序。然而，一波未平，一波又起。19日晚，长生生物又发公告称，全资子公司长春长生因"吸附无细胞百白破联合疫苗"（简称"百白破"）检验不符合规定，被吉林食药监管局合计罚款344万余元。长生生物作为"疫苗之王"，几乎很多孩子都接种过这个厂家的疫苗。据山东省疾控中心消息，长春长生公司销往山东省的不合格百白破疫苗（批号201605014-01）的流向已全部查明，共计252600支，流向济南、淄博、烟台、济宁、泰安、威海、日照、莱芜等8个市。这批疫苗已接种247359支，涉及儿童215184人。

正在国外访问的中共中央总书记、国家主席、中央军委主席习近平对吉林长春长生生物疫苗案件做出重要指示指出：长春长生生物科技有限责任公司违法违规生产疫苗行为，性质恶劣，令人触目惊心。有关地方和部门要高度重视，立即调查事实真相，一查到底，严肃问责，依法从严处理。要及时公布调查进展，切实回应群众关切。中共中央政治局常委、国务院总理李克强做出批示要求：国务院要立刻派出调查组，对所有疫苗生产、销售等全流程全链条进行彻查，尽快查清事实真相，不论涉及哪些企业、哪些人都坚决严惩不贷、绝不姑息。根据习近平指示和李克强要求，国务院建立专门工作机制，并派出调查组进驻长春长生生物科技有限责任公司进行立案调查。

请同学们思考

（1）想一想：长生生物疫苗造假事件带来的启示是什么？

（2）说一说：以自己的专业毕业后应遵守哪些方面的职业道德规范？

★ 认知与理解

一、社会主义道德观

古人云:"有才无德,其行不远。"任何人的成才总是和社会的需要、时代的需要紧密联系在一起的。脱离了历史前进的方向,脱离了为人类造福、为社会做贡献的思想,人的才智发挥就会受到抑制。大学生如果缺乏报效社会之心,没有大志,只为个人"名利"而奋斗,即使在某一时期对其发展会有积极作用,那也是不会长久的。因此,我们不仅要掌握丰富的科学知识,拥有健康的体魄,还要培养自己良好的道德修养。

(一)道德的含义与作用

道德是由一定社会的经济关系所决定的特殊意识形态,是以善恶为评价标准,依靠社会舆论、传统习惯和人们的内心信念来维系的调整人们利益关系的心理意识原则规范和行为活动的总和。道德既是人们行为应当遵循的原则和标准,又是对人们的思想和行为进行评价的标准。

道德存在于人们的日常生活中,存在于每一个人的心理活动和实践活动中,可以说,在人们的行为中,事事都有道德准则,用于判断是与非、真与假、美与丑、善与恶、高尚与卑下、光荣与耻辱,现实生活每时每刻都在对你的道德水准进行严格的考察。

道德作为社会意识的特殊形式,是处理个人与他人、个人与社会之间关系的行为规范及实现自我完善的一种重要精神力量。这种力量是广泛的、深刻的,它深刻地影响着人们的意志、行为和品格,也深刻地影响着社会的存在和发展,是推动人类文明不断向前发展的重要力量。在当代中国,雷锋精神、焦裕禄精神、孔繁森精神、抗洪抢险精神、抗震救灾精神以及无数感动中国的优秀人物所焕发出来的道德精神无不彰显着社会主义道德的力量,对社会主义精神文明、物质文明和文化建设发挥着巨大的推动作用。

(二)社会主义道德建设

2001年9月20日,中共中央印发了《公民道德建设实施纲要》。《纲要》明确指出:公民道德建设的主要内容是:从我国历史和现实的国情出发,社会主义道德建设要坚持以为人民服务为核心，以集体主义为原则，以爱祖国、爱人民、爱劳动、爱科学、爱社会主义为基本要求，以社会公德、职业道德、家庭美德为着力点"加强社会主义公民道德建设。为了使公民道德建设的内容具体化，《纲要》把"爱国守法、明礼诚信、团结友善、勤俭自强、敬业奉献"这五条20字作为我国公民的基本道德规范。这一基本道德规范体现了历史传统与时代精神的有机结合，既是对中国优良道德传统和中国革命道德传统的继承和弘扬，又体现了新的时代条件下对公民道德的新要求。公民基本道德规范通俗易懂、简明易行，有利于公民道德的具体实践，有利于提高公民的道德素质。

"爱国守法"，强调公民应培养高尚的爱国主义精神，自觉地学法、懂法、守法和护法。

"明礼诚信"，强调公民应文明礼貌、诚实守信、诚恳待人。

"团结友善"，强调公民之间应和睦友好、互相帮助、与人为善。

"勤俭自强"，强调公民应努力工作、勤俭节约、积极进取。

"敬业奉献"，强调公民应忠于职守、克己奉公、服务社会。

公民基本道德规范涵盖了社会生活的各个领域，适用于不同的社会群体，所有国家公民都要在思想上和心理上对公民基本道德规范产生认知和认同，把公民基本道德规范作为行为准则，正确进行道德判断和做出道德选择。更重要的是，要在行动上积极践行公民基本道德规范，使自己的思想情感得到陶冶，精神生活得到充实，道德境界得到提高。

（三）大学生道德素质的现状及要求

湖南交通职业技术学院有研究人员曾对湖南四所高等职业学院的学生在道德素质的现状方面进行了问卷调查。从中可以看出当前高等职业院校大学生的基本道德素质状况。

1. 道德认识是积极的

调查表明，近半数大学生认为道德品质还是重要的。在"当前社会最严重的问题是什么"一题中，有48.77%的学生选择了"道德问题"。可见，大学生对"道德"问题倾注了较大的关注。

问卷中，有高达83.36%的同学明确表示加强大学生思想道德修养是很有必要的；有7.42%的同学认为一个人的文化修养与一个人的道德素质应是同步发展或相互促进的；有73.52%的同学赞成宁可牺牲个人利益，也要维护集体利益；有

86.65%的同学认为新时期仍应坚持艰苦奋斗的优良传统。可见，广大大学生对道德修养的认知都是积极的、健康的。

2. 道德价值明显趋于功利性

调查还表明，目前当代大学生能够积极进取，人生价值观也能积极向上。但是，绝大多数大学生却不能用理想的道德价值目标来指导自己的实践。在道德价值取向上相当一部分大学生存在着较明显的功利性倾向。

在"争取加入中国共产主义青年团、中国共产党，是否是为了更好地为人民服务"一题中，有54.57%的学生选择"不是"或"不好说"；有38.75%的学生承认申请加入中国共产党的动机是"为了个人就业的需要"，甚至有部分学生认为写入党申请书只是随波逐流，表现为缺乏一定的社会责任感。在"你努力学习的最主要目的是否为了最大限度实现人生的个人价值"一题中，有66.43%的学生选择了"是"。

而在"判断人生价值的标准上，你是否认为取决于对社会贡献的大小"一题中，却有51.93%的学生选择了"既取决于社会贡献又看个人得到多少"。有43.61%的学生认为，个人价值的实现仅决定于个人的学识、才能、机遇和人际关系，而与个人品德无直接关系，部分学生认为学习科学技术可以为自己带来金钱实惠，而学习人文知识却没有什么实际用处，因此，把精力放在加强自身的专业知识学习方面，表现出重才轻德的功利主义倾向。

3. 道德意识的"知"与"行"脱节

很多大学生在理论上对道德规范有比较正确的认识，但在具体行为中又与道德规范相背离，即出现了"知"与"行"的脱节现象。

一方面，"时刻以道德标准要求自己的"学生达到48.48%，68.89%的学生认为自己诚信度"比较好"，60.78%的学生基本能遵守学生守则和各项校纪校规，懂得自我约束。这些都说明绝大多数大学生对关心集体、遵守纪律、文明礼貌等良好的道德品质认同率较高，能够正确确定和审视他人或自己行为善恶的价值尺度。

另一方面，在道德修养的实践过程中却反映出道德意志薄弱、自律性差的弱点。实际情况表明，部分学生道德修养不高，图书馆里经常出现偷、撕、污损图书资料的现象，对"长明灯"、"长流水"的现象熟视无睹，校园内买饭插队、随地吐痰、乱扔纸屑、出口成"脏"等不良现象随处可见，考试作弊的现象呈上升趋势，这些不能不说是部分学生"知"、"行"分离的真实写照。

由此可见，很多大学生的道德思想与道德行为之间都存在着明显的"知"与"行"的脱节现象，也表现了大学生对道德价值评价标准的困惑和矛盾。

故事启迪

出生于河南省西华县洪庄村一个农民家庭的洪战辉，是我们耳熟能详的一个响亮名字。11岁那年他的家庭突发重大变故，父亲疯了，亲妹妹死了，父亲又捡回一个遗弃女婴，母亲和弟弟后来也相继离家出走。洪战辉稚嫩的肩膀过早地压上了生活的重担。从读高中时，洪战辉就把这个和自己并没有血缘关系的妹妹带在身边，一边读书一边照顾年幼的妹妹，靠做点小生意和打零工维持生活。后来，他考入湖南怀化学院后，又把妹妹带到自己上大学的异地他乡上学。直到2005年他的事迹被广泛传颂时，已经照顾妹妹整整12年！当社会各界知道洪战辉的情况后，不少人要给他提供财力、物力的帮助，但都被他拒绝了："不接受捐款，是因为我觉得一个人自立、自强才是最重要的。我现在已经具备生存和发展的能力，这个社会上还有很多处于艰难中而又无力挣扎出来的人们，他们才是我们现在需要帮助的。"

12年困境的风吹雨打，12年如一日的责任担当，12年从未懈怠的自立、自强，使洪战辉成为2000年感动中国十大人物之一。从洪战辉身上，我们看到了一种强烈的责任意识、不屈的自强品格、宽厚的仁爱精神，而洪战辉之所以"感动中国"，原因正在于此。

我们每一个大学生都应当以洪战辉为榜样，努力培养良好的道德品质。这些良好的道德品质主要表现在以下方面。

1. 孝敬父母、勤劳节俭

孝敬父母，即赡养、敬爱、尊重父母。中华民族历来重视孝道，"百善孝为先"。孝敬父母是做人的最基本的道德品质，每个人都要树立"孝敬父母光荣，不孝敬父母可耻"的观念，做到养亲、尊亲、敬亲，体贴、关心、尊敬、热爱父母。

勤劳节俭，即勤奋劳作创造社会财富，节约资源珍惜劳动成果。勤劳节俭是中华民族的传统美德，青年学生继承和发扬这一传统美德，就应当自觉参加公益劳动，主动承担家务劳动；生活上不摆阔气，不搞攀比，不向父母提出超越经济条件的要求；节约用水、用电、用粮，养成勤劳节俭、艰苦奋斗的好品质、好习惯。

2. 尊敬师长、团结和睦

尊敬师长是中华民族的传统美德。青年学生应当努力做到：树立尊敬师长的观念，对老师和长者要有礼貌，关心爱护师长；尊重老师的劳动，认真听讲，虚心求教，刻苦学习，以优异的成绩回报老师。

团结和睦是中华民族人际关系的重要伦理准则，是社会稳定和国家统一的精神力量。青年学生要具有团结和睦的道德品质，就应当做到：关心和团结他人，遇事多为他人着想；同情和帮助人，对有困难者应给予主动帮助；容忍和原谅人，对别人的误会要豁达大度。此外，还要坚持正当竞争、团结协作，反对不正当竞争；要团结大多数人，反对拉小圈子、讲哥们义气。

3. 立志勤学、谦虚礼让

自古以来，立志勤学的佳话相传不绝。青年学生要弘扬这一传统美德，就应当做到：像老一辈无产阶级革命家那样，把"为中华之崛起"作为自己人生的奋斗目标，确立崇高的学习目的；讲求科学的学习方法，培养严谨的治学精神，提高学习效率；坚持理论联系实际的好学风，勇于实践，勇于创新。

谦虚礼让是指人的言行要符合一定的礼仪规范，待人接物和蔼可亲。青年学生要弘扬这一传统美德，就应当做到与人交往要平等待人、友好相处；公共场所要举止文雅、文明礼貌；待人接物要主动热情、落落大方；学习工作要虚心好学、永不满足。

4. 严己宽人、诚实守信

严己宽人即严于律己、宽以待人，是指在用一定的道德准则和行为规范严格要求自己的时候，以宽宏大量的胸怀和团结友爱的态度对待他人。青年学生要弘扬这一传统美德，就应当做到：善于正确认识和评价自我，知过能改；遵守"仁义谦和"的待人原则，成人之美；与他人发生矛盾冲突时，反躬自省；自己不想做或不能做的事，不要强加于人。

诚实守信就是言行与思想一致，不伪装、不虚假，说话办事讲求信用。诚实守信是一种做人的基本道德品质。青年学生要具备这种道德品质，就应当做到：牢固树立诚实正直、实事求是的观念；努力培育交往守信、襟怀坦白的作风；坚决杜绝弄虚作假、言而无信的流弊，自觉养成言行一致、表里如一的习惯。

5. 公正无私、勇于献身

公正无私是指办事公道、为人正直、不偏狭、不自私。青年学生要具备这种品质，就应当做到：正确认识和处理个人与集体、国家的关系，先公后私，公而忘私，大公无私；正确认识和处理个人同人民群众的关系，热爱人民，尊重人民、为人民服务；在日常生活中办事公正、公道，为人正直、正派，不偏狭自私，不以权谋私。

勇于献身是指为某一理想或事业，奋斗不止，无畏无惧，不惜贡献自己的一切，乃至生命。青年学生要具备这种道德品质，就应当做到：认真学习中国特色社会主义理论，树立崇高的理想并为之奋斗；敢于追求真理、坚持真理、捍卫真理，不在困难和挫折面前退缩；见到贪污腐败现象不消极，敢于揭发依靠法律进行斗争，见到别人遇到困难和危险要挺身而出，热情救助支援。

二、树立良好的职业道德

职业道德是指所有从业人员在职业活动中应该遵循的行为准则，是一定职业领域内的特殊道德要求，即整个社会对从业人员的职业观念、职业态度、职业技能、职业纪律和职业作用等方面的行为标准和要求。我们社会主义职业道德的基本规范是：爱岗敬业，诚实守信，办事公道，服务群众，奉献社会。

故事启迪

2019年2月18日晚8时，"感动中国"2018年度人物颁奖典礼在央视一套首播，南阳市镇平县高丘镇黑虎庙小学校长张玉滚登上颁奖台，成为"感动中国"年度人物评选活动举办17年来，第16个获此殊荣的河南个人或集体。在全省教育系统引发强烈反响，大家纷纷表示：无私奉献者应得到尊崇和褒奖，我们要深入学习张玉滚精神，争做出彩教育人。

"张玉滚同志扎根乡村、不忘初心、默默耕耘，用实际行动诠释了什么是高贵师德、师魂的力量，他的故事直抵人心、感人至深，当选'感动中国'2018年度人物实至名归。"省教育厅党组书记、厅长郑邦山说，在我省160余万人民教师队伍中，不乏张玉滚、李芳式的好老师，全省教育系统将继续全面深化师德师风建设，健全完善教师管理机制，让尊师重教蔚然成风，让教师成为令人羡慕的职业。

在社会中，各行各业都有自己具体的职业道德规范。例如，教书育人、为人师表是教师的职业道德规范；救死扶伤是医生的职业道德规范；廉洁奉公是公职人员的职业道德规范，等等。虽然各行各业的职业道德规范有所不同，但有些是共同的和基本的，是各行各业都必须遵守的。

1. 爱岗敬业

爱岗敬业是指从业人员热爱自己的工作岗位，尊敬、尊崇自己的职业，尊重自己所从事职业的道德。如果一个人以一种尊敬、虔诚的心灵对待职业，甚至对职业有一种敬畏的态度，他就已经具有敬业精神。一份职业、一个工作岗位是一个人生存和发展的基础，同时也是社会存在和发展的基础。有人指出，21世纪中国人最缺的就是敬业精神。我国出现的一些制假售假等问题，主要原因都是由于人们缺乏"敬业精神"所致，比如生产者无此精神而生产假货，管理部门无此精神使其泛滥成灾，上级领导监督不力使其猖獗。无敬业精神的人下岗是其必然的结果，所以敬业精神是社会、个人和家庭的需要，也是适应未来竞争机制的需要。今天，中国正在飞速地发展，但是，如果我们不提高自己的敬业精神，我们个人、企业和国家的核心竞争力同样无法得到增强。要提高我们的职业素养，必须从培养敬业精神开始。

2. 诚实守信

诚实守信，就是真诚待人待事，守信用，讲信誉。诚实守信是市场经济条件下人际交往和经济活动必须遵守的一项最基本的道德规范。它既是为人处世的基本准则，也是一个单位从事经营活动的基本准则，更是从业者对社会、对人民所承担的义务和职责。

诚实守信，要求企业要有以质量为中心的科学的生产、工作程序，要求从业者在生产过程中应严格按照国家或行业标准选用原材料，严格按照每道工序的操作程序去操作，做到文明生产。

"以诚实守信为荣，以见利忘义为耻"是社会主义荣辱观的重要内容。人无信无以立，职业无信也不能立。诚实守信不仅是做人的一个原则，同时也是职业道德修养的具体要求，也就是说，从业者在职业活动中要诚实劳动、合法经营、信守承诺、讲求信誉。因此，作为大学生要身体力行，在实际工作、学习和生活中做到诚实守信。那么，如何做到诚实守信呢？

第一，要忠诚老实。要坚持实事求是的原则，做老实人，讲老实话，办老实事，不做一些损人利己或损人不利己的事情。

第二，要信守承诺。言必行，行必果。答应别人的事情一定要想办法做到，不说空话、大话和假话。自觉履行自己的义务。

第三，要表里如一。严格自律，自觉遵守各项制度、法规；言行一致，绝不当面一套背后一套；不要在暗地里使坏，要做一个光明磊落的人。

故事启迪

以"济世养生"为宗旨的北京同仁堂创建于清康熙八年（1669年），由于"配方独特、选料上乘、工艺精湛、疗效显著"，自雍正元年（1723年）起，同仁堂正式供奉清皇宫御药房用药，历经八代皇帝，长达近200年。

老一辈创业者伴君如伴虎，不敢有丝毫懈怠，终于造就了同仁堂人在制药过程中小心谨慎、精益求精的企业精神。

在300多年的历史长河中，历代同仁堂人树立"修合无人见，存心有天知"的自律意识，确保了"同仁堂"这一金字招牌的长盛不衰。有一次，当经销商在广告中擅自增加并夸大某种产品的药效时，同仁堂郑重登报予以纠正，并向消费者道歉。

同仁堂品牌作为中国第一个驰名商标，享誉海外。目前，同仁堂商标已经受到国际组织的保护，在世界50多个国家和地区办理了注册登记手续，成为拥有境内、境外两家上市公司的国际知名企业，企业实现了良性循环。

3. 办事公道

办事公道是在爱岗敬业、诚实守信的基础上提出的更高层次的职业道德要求。所谓办事公道是指从业人员在开展事业、处理问题时要站在公正的立场上，按照同一标准和同一原则办理的职业道德规范。

三国时的诸葛孔明执法公正，挥泪斩马谡的故事被人千古传颂；宋朝包拯也是办事公道、秉公执法的典范。随着社会的进步和文明程度的提高，人们的自主意识和维权意识也在不断增强，人们越来越明确地认识到人与人之间相互尊重的重要，越来越强烈地感受到社会公正的重要。因此，我们在以后的工作生活中一定要做到办事公道。

4. 服务群众

在社会主义社会，全心全意为人民服务是各行各业的共同宗旨。服务群众就是为人民服务的精神在职业生活中最直接的体现。每一位劳动者都应该明白：作为社会中的一员，一个人的生活质量主要取决于他周围许多人的工作态度。如果人们都抱着不负责任的心态来对待本职工作，那么大家无形间就会陷入不良的生活和工作环境，也就不可能有良好的生活质量。

坚持服务群众，首先要做到的是热爱人民群众，树立全心全意为人民服务的思想；其次，在行动上真正尊重和关心他人，把人民的利益作为判断是非善恶的标准；最后，大力提倡奉献精神，在自己的工作岗位上以无私奉献的工作态度为人民服务，在奉献中实现自我的人生价值。

5. 奉献社会

奉献社会就是把自己的知识、才能智慧等毫无保留地、不计报酬地贡献给人民，贡献给社会，在工作岗位上做出实实在在的业绩。

作为普通从业者，奉献社会就是一种对于工作全身心投入的表现。其一，奉献是一个社会对公民的客观要求。无论是人类的生存还是社会的发展，客观上都要求每个社会成员有所奉献。其二，奉献是公民人生价值的集中体现。从表面上看，一个人只要进行劳动，参与价值创造，就对社会有所奉献，就有自己的人生价值；但实际上，只有那些对社会奉献了增值价值的人，才是真正体现人生价值的人。其三，奉献是评价人生价值的终极标准。一般来讲，个人对社会的奉献和社会对个人的满足是成正比例关系的。

三、加强职业道德的策略

未来的社会发展需要大量的具有综合素质的复合型人才，只有加强思想道德修养，才能更好地满足经济社会发展的要求，每位大学生在努力学好专业知识的同时，更要注重思想道德修养的建设。

1. 增强职业道德意识

首先，积极参加学生会和学生社团组织的各项活动，如文明班集体、文明宿舍创建及青年志愿者活动等，培养自己关心别人、热爱集体、服务大众、友好合作等职业道德品质。其次，利用各种传播媒体加强职业道德修养的宣传和教育，拓宽受教育渠道，积极参加主题班会、学术讲座等，深化对职业道德的认识，加深对职业道德的理解，扩大对职业道德的学习和交流。

2. 培养积极的职业价值取向

我们在平时的思想政治理论课学习中，要认真领会其中的思想，提高自己的思想境界，同时通过思想政治理论课的实践教学和社会实践环节，把对职业道德的认识内化为道德情感，进而升华为道德意志和信念，最终实现对职业道德行为的自觉实践。

3. 提升职业道德修养

实践是人生修养的基础，一切社会意识和社会规范都是在社会实践中形成的，人们只有投身于社会实践，在个人与他人、个人与集体、个人与社会的道德活动中，才能深刻认识社会规范和判断自己的行为，才能克服自己不正确的思想和不道德的行为，进而培养自己崇高的思想道德品质。因此，大学生不能局限于课堂和讲坛，要走向实际生活，走向社会，参加职业实践，如公益劳动、社会调查、社会考察、社会服务、勤工助学等。通过一系列社会职业实践活动，充分发挥自己的主观能动性，去听、去看、去做，去感受社会发展的脉搏，力求跟上时代的要求，并寻找自我价值实现与社会需求的结合点。只有在社会职业实践的过程中，我们才能将职业道德规范逐渐内化为心目中的精神力量，锻炼和体验自己的职业道德修养，调动自身内在的品质力量应对外在环境的诱惑和挑战，在不断地自我教育和自我评价中，提高自己的职业道德修养。

4. 坚持从小事做起

"积土成山，风雨兴焉；积水成渊，蛟龙生焉；积善成德，而神明自得。""勿以善小而不为，勿以恶小而为之。"这两句话讲的都是积少成多、量变引起质变的道理。道理我们都知道，但更为关键的是我们要行动，从身边的小事做起。现在我们还在学校，知识不够多，经验也不够丰富，更要从小事做起，并持之以恒，才能不断地提高自己的道德修养。

5. 努力做到"慎独"

"慎独"是指在任何时候做事都要小心谨慎，特别是独自一人、无人监督时，也要忠于职守，自觉遵守纪律。这是中国千百年来行之有效的道德修养方法，是人生崇高的道德境界。我们作为当代大学生，也要发扬这种优良传统，忠于职守，自觉遵守纪律，严格要求自己，不要放纵自己，特别是不偷工减料、疏忽大意、忘乎所以。

故事启迪

汉武帝刘彻在位时，司马迁在朝中任太史令，具体负责编撰《史记》。当时，许多达官贵人都想讨好司马迁，期望通过他的笔给自己在历史上留下好名声，于是纷纷给他送来了奇珍异宝。

有一天，朝中最得宠的大将军李广利派人给司马迁送来一件礼物。司马迁的女儿妹娟打开送来的精致盒子，发现盒子里放着一对世间罕见的珍宝——玉璧。

司马迁发现妹娟对宝物有不舍之意，于是语重心长地说："白璧最可贵的地方是没有斑痕和污点，所以人们才说，白玉无瑕。我是一个平庸而卑微的小官，从来不敢以白璧自居，如果我收下了这珍贵的白璧，我身上的污点就增加了一分，白璧不能要，叫人送回去！"

司马迁所著的《史记》被称为"史家之绝唱"，在我国历史上占有重要的地位。《史记》的价值就在于真实地记录了历史，司马迁何以能据实撰史？原因之一就是他自身清白，珍惜自己的名誉，行得端，做得正。倘若司马迁见了别人的东西就喜爱，不珍惜自己的名誉，必定使他难以秉笔直书，《史记》也绝不会有今天这样的价值。

★活动与体验

活动一　思考与讨论

情景：

（1）在无人看见的情况下，你捡到钱物后怎么办？

（2）你进出公共厕所后随手关门了吗？

（3）购物时，别人多找了钱，你会主动退还吗？

（4）你在没有人看见的情况下乱扔过果皮、纸屑吗？

（5）你未经允许，动过别人的东西吗？

（6）你考试作过弊吗？

（7）你在饭堂打饭自觉排队吗？

（8）你独自上网时浏览过不健康的网页吗？

（9）你犯了错误会主动承认吗？

（10）你有没有过不排队挤车抢座位、不遵守交通规则的行为吗？

讨论：

（1）请举例生活当中还有哪些道德缺失的行为和事件：
_____
_____

（2）道德和法律你认为哪个对于约束和规范人们的行为更具有效性？
_____
_____

活动二　敬业度调研报告

盖洛普公司关于全球员工敬业度的一项调查

2013年1月9日，盖洛普公司公布其2011~2012年对全球雇员对工作投入程度的调查，结果显示，敬业员工比例最高的国家为巴拿马、哥斯达黎加和美国。该调查对象为2011~2012年间142个国家和地区的员工，受访者通过回答盖洛普公司提出的12个问题，使他们对工作的投入程度被分为敬业、漠不关心和消极怠工。这12个问题包括员工在工作中是否学习成长、是否得到肯定、是否有朋友在公司等。调查认为，敬业的员工会为公司带去赢利创新，而消极怠工的员工反而会破坏敬业员工完成的业绩。

根据调查，在这142个国家和地区中，只有13%的员工是真正敬业的，63%的员工漠不关心，24%的员工消极怠工；敬业程度因地而异，东亚地区敬业率最低，为6%，低于世界水平一半多，而调查的东亚4个地区中，中国最低。调查认为，东亚敬业率之所以为6%，很大程度上是被中国拉低到这一数值的。

常被认为是勤勉的日本人和韩国人，敬业率也分别只有7%和11%。敬业率最高的三个国家分别为巴拿马（37%）、哥斯达黎加（33%）和美国（30%）。

西欧国家的情况也不容乐观，总的来说只有14%的员工敬业。调查认为，这很大程度上是因为他们还在遭受经济危机带来的就业压力的影响。全球对工作最无爱的地方在中东和北非，消极懈怠员工比例最高的三个国家为突尼斯（54%）、阿尔及利亚（53%）和叙利亚（45%）。

调查显示，中国员工对工作的投入程度在各行各业和各种教育水平中，都是一样的。比如，7%的本科学历员工敬业和5%的小学教育程度以下的员工敬业，两者差不多。即便是在高技术员工和管理者中，他们的敬业程度也很低，在8%左右。更甚者，在销售和服务类员工中，只有4%的员工真正积极投入，调查对此表示担忧，因为这部分员工是公司用来吸引顾客、增加收入的。文秘和办公室员工的敬业程度最低，仅为3%。

调查表示，中国的公司常常有"指挥控制"的阶级色彩，在很多情况下，管理者位居其职，却不具备管理者的能力。在回答"工作时，你的意见是否有影响"的问题时，中国员工的回答尤其低，只有1/8左右的员工给了"强烈同意"的回复，而全球的平均水平为1/4。另外，中国员工只有一半左右认为其现在的工作是理想的职业。

韬睿咨询公司关于全球员工敬业度的一项调查

韬睿咨询公司（towerPerrin）的一项全球范围内关于企业员工敬业度的调查结果显示，中国企业员工的敬业度明显低于全球平均水平，如表4所示：

表4 部分国家企业员工敬业度对比

国家	非常敬业	较敬业	不够敬业
全球平均水平	14%	62%	24%
美国	21%	62%	16%
比利时	18%	67%	15%
加拿大	17%	66%	17%
德国	15%	70%	15%
韩国	9%	71%	20%
中国	8%	67%	25%

请分组讨论：

（1）你认为素以勤劳著称的中国人为什么敬业度明显低于全球平均水平？

（2）什么才是真正的爱岗敬业？

（3）我们要如何培养敬业精神？

★职场实训

【案例1】

陈某是某企业人力资源部经理。销售部有三名员工在张某的带动下,四人一共私分了1500元钱的货款。事情暴露之后,张某一直向陈某求情,希望看在老乡的份上能够留下他。陈某碍于老乡的情面,只向老总递交了辞退其他三个人的报告,留下了张某。

(1) 陈某的行为会带来什么样的影响?

(2) 如果你是陈某,你会怎么做?

★拓展测试

职业道德意识调查

1. 你认为当前大学生的职业道德状况如何?

    A. 非常好

    B. 比较好

    C. 一般

    D. 比较差

    E. 非常差

2. 你认为大学生职业道德素质对个人就业与职业发展重要吗?

    A. 非常重要

    B. 比较重要

    C. 一般

    D. 比较不重要

E. 完全不重要

3. 你认为员工职业道德素质高低对企业或者用人单位的发展是否重要？

   A. 非常重要

   B. 比较重要

   C. 一般

   D. 比较不重要

   E. 完全不重要

4. 你了解自己以后要从事的职业的职业道德要求吗？

   A. 非常了解

   B. 比较了解

   C. 基本了解

   D. 比较不了解

   E. 完全不了解

5. 你认为人们的职业道德缺失是何种原因造成的（可多选）？

   A. 自身道德素养不高

   B. 随波逐流，受社会氛围影响

   C. 受权力或金钱诱惑驱使

   D. 其他

6. 《公民道德建设实施纲要》指出我国职业道德建设规范是什么？

   A. 求真务实、开拓创新、艰苦奋斗、服务人民、促进发展

   B. 爱岗敬业、诚实守信、办事公道、服务群众、奉献社会

   C. 以人为本、解放思想、实事求是、与时俱进、促进和谐

   D. 文明礼貌、勤俭节约、团结互助、遵纪守法、开拓创新

7. 你是否会参与职业道德教育活动？

   A. 肯定会

   B. 应该会

   C. 不一定

   D. 应该不会

   E. 肯定不会

8. 你认为职业道德教育应该安排在大学的什么阶段？

   A. 贯穿大学教育始终

B. 从大学教育的中期开始

C. 只针对毕业生

9. 你认为影响大学生职业道德教育效果的主要问题是什么？

    A. 教学手段单一、落后

    B. 教学内容枯燥

    C. 理论性太强

    D. 缺乏实践体验环节

    E. 其他

10. 专业教师在专业实训实践过程中是否对你进行职业道德教育

    A. 是

    B. 否

    C. 不确定

模块四　职场礼仪

★案例探析

1962年，周恩来总理到西郊机场为西哈努克和夫人送行。亲王的飞机刚一起飞，我国参加欢送的人群便自行散开，准备返回，而周总理这时却依然笔直地站在原地未动，并要工作人员立即把那些离去的同志请回来。这次总理发了脾气，严厉地批评道："你们怎么搞的，没有一点礼貌！各国外交使节站在那里，飞机还没有飞远，你们倒先走了。大国这样对小国客人不是搞大国主义吗？"当天下午，周总理就把外交部礼宾司和国务院机关事务管理局的负责同志找去，要他们立即在"礼宾工作条例"上加上一条，即今后到机场为贵宾送行，必须等到飞机起飞，绕场一周，双翼摆动三次表示谢意后，送行者方可离开。

请同学们思考

（1）议一议：周恩来总理为什么对工作人员发脾气？

（2）说一说：生活当中有哪些你知道的礼仪？

★认知与理解

一、礼仪的内涵

（一）礼仪是什么

礼仪是指在人际交往中，自始至终地以一定的约定俗成的程序、方式来表现的律己、敬人的完整行为。"礼"和"仪"是两种形式："礼"者敬人也，是指礼节、礼貌，要知礼、守礼、讲理，要示人以尊重。"仪"即仪式，就是表现形式，即要将你所掌握的礼仪知识确切、恰当地表现出来。礼仪不仅仅是礼节。礼仪源自你的内心，涵盖了仪容、仪表、仪态及仪式。当你真正关心别人，在意他人的自尊与感受，发自内心且表现在外的待人处世方式就是礼仪。因此，礼仪"源于心，显于行"。

（二）礼仪的核心

礼仪的核心是尊重为本。"尊重"是礼仪之本，也是待人接物的根基。尊重别人其实就是尊重你自己。"尊重"包括自尊与他尊两个方面。

自尊是指个人渴求力量、成就、自强、自信和自主等。自尊需要的满足会使人相信自己的力量与价值，使人在生活中变得更有能力，更富有创造性；相反，缺乏自尊会使人感到自卑，没有足够的信心去处理面临的问题。

他尊是指个人希望别人尊重自己，希望自己的工作和才能得到别人的承认、赏识、尊重和高度评价，也即希望获得威信、实力、地位等。他尊需要的满足会使人相信自己的潜能价值，从而进一步产生自我实现的需要；反之，缺乏他尊会使人丧失自信心，怀疑自己的能力和潜力，不可能产生更高层次的需求，即自我实现的需要。

对不同人的尊重体现的个人修养，用五句话来概括："尊重上级是一种天职，尊重下级是一种美德，尊重客户是一种常识，尊重同事是一种本分，尊重所有人是一种教养。"

（三）礼仪的原则

在社交场合中，如何运用社交礼仪？怎样才能发挥礼仪应有的效应？怎样创造最佳关系状态？这些同遵守礼仪原则密切相关。

1. 真诚尊重的原则

苏格拉底曾说："不要靠馈赠来获得一个朋友，你须贡献你诚挚的爱，学习怎样用正当的方法来赢得一个人的心。"可见在与人交往时，真诚尊重是礼仪的首要原则，只有真诚待人才是尊重他人，只有真诚尊重方能创造和谐愉快的人际关系，真诚和尊重是相辅相成的。真诚是对人处世的一种实事求是的态度，是待人真心实意的友善表现，真诚和尊重首先表现为对人不说谎、不虚伪、不骗人、不侮辱人，因为"骗人一次，终生无友"；其次，真诚表现为对于他人的正确认识，相信他人，尊重他人，因为"心底无私天地宽"，而真诚地奉献才有丰硕的收获，只有真诚尊重他人，方能使双方心心相印、友谊地久天长。

2. 平等适度的原则

在社交场上，礼仪行为总是表现为双方的，你给对方施礼，自然对方也会相应地还礼于你，这种礼仪施行必须讲究平等的原则。平等是人与人交往时建立情感的基础，是保持良好的人际关系的诀窍。平等在交往中表现为，不骄狂，不我行我素，不自以为是，不厚彼此，更不傲视一切，目空无人，更不能以貌取人，或以职业、地位、权势压人，而是应该处处、时时平等谦虚待人，唯有此，才能结交更多的朋友。适度原则即交往应把握礼仪分寸，根据具体情况、具体情境而行使相应的礼仪。例如，在与人交往时，既要彬彬有礼，又不能低三下四；既要热情大方，又不能轻浮谄谀；要自尊，却不能自负；要坦诚，但不能粗鲁；要信人，但不能轻信；要活泼，但不能轻浮；要谦虚，但不能拘谨；要老练持重，但又不能圆滑世故。

3. 自信自律原则

自信的原则是社交场合中心理健康的原则，唯有对自己充满信心，才能如鱼得水、得心应手。自信是社交场合中一份很可贵的心理素质，一个有充分自信心的人，才能在交往中不卑不亢、落落大方，遇到强者不自惭，遇到艰难不气馁，遇到侮辱敢于挺身反击，遇到弱者会伸出援助之手；一个缺乏自信的人，则会处处碰壁。自律乃自我约束的原则。在社会交往过程中，在心中树立起一种内心的道德信念和行为修养准则，以此来约束自己的行为，严于律己，实现自我教育，自我管理，摆正自信的天平，既不必"前怕虎后怕狼"地缺少信心，又不能凡事自以为是地自负高傲。

4. 信用宽容的原则

信用即讲究信誉的原则。孔子曾有言："民无信不立。""与朋友交，言而有信。"强调的正是守信用的原则。守信是我们中华民族的美德，在社交场合，尤其讲究：一是要守时，与人约定时间的约会、会见、会谈、会议等，决不应拖延迟到。二是要守约，即与人签订的协议、约定和口头答应他人的事一定要说到做到，即所谓言必行、行必果。故在社交场合，如没有十分的把握就不要轻易许诺他人，许诺做不到，反落了个不守信的恶名，从此会永远失信于人。

宽容的原则即与人为善的原则。在社交场合，宽容是一种较高的境界，《大英百科全书》对"宽容"下了这样一个定义："容许别人有行动和判断的自由，对不同于自己或传统观点的见解的耐心公正的容忍。"宽容是人类一种伟大的思想,在人际交往中,宽容的思想是创造和谐人际关系的法宝。宽容他人、理解他人、体谅他人,千万不要求全责备、斤斤计较,甚至咄咄逼人。总而言之,站在对方的立场去考虑一切,是你争取朋友的最好方法。

二、职场形象

很多企业虽然没有严格标明职业形象对外表的要求,但职业形象毫无疑问是世界500强企业招聘的第一个潜规则。职业形象还可以让你入职后发展得更好:根据权威数据,职业形象好的员工会比形象一般的员工收入多42.5%以上;著名形象设计公司英国CMB对300名金融公司决策人的调查显示,成功的形象塑造是获得高职位的关键;无论是美国总统奥巴马还是法国前总统萨科齐,获得总统宝座其实都离不开良好的职业形象。

故事启迪

某公司经理对他为什么要录用一个没有任何人推荐的小伙子时如是说:他带来了许多介绍信。他神态清爽,服饰整洁;在门口蹭掉了脚下带的土,进门后随手轻轻地关上了门;进了办公室,其他的人都从我故意放在地板上的那本书上迈过去,而他却很自然地俯身捡起并放在桌上;他回答问题简洁明了、干脆果断。这些难道不是最好的介绍信吗?克林顿夫人的形象为克林顿的政治形象增添了不可磨灭的光彩,很多人出于对希拉里的喜爱把选票投给了克林顿。

人们总是相信,工作效率、能力、可靠性及勤奋工作是让他们有机会提升的重要条件,但并不是仅有这些条件,你就能在工作中被提升。若忽略了对整体形象的塑造,可能既得不到上司的注意,也得不到同事的承认。那么,塑造成功形象的秘密是什么呢?

(一)形象的含义

形象,并不是一个简单的穿衣、外表、长相、发型、化妆的组合概念,而是一种综合的全面素质,即一种外表与内在结合的、在流动中留下的印象。

形象的内容宽广而丰富,它包括你的穿着、言行、举止、修养、生活方式、知识层次、家庭出身……它们在清楚地为你下着定义——无声而准确地在讲述你的故事——你是谁、你的社会位置、你如何生活、你是否有发展前途……形象的综合性和它包含的丰富内容为我们塑造成功的形象提供了很大的回旋空间。

一个成功的形象展示给人们的是自信、尊严、力量、能力，它并不仅仅反映在对别人的视觉效果中，同时它也是一种外在辅助工具，它让你对自己的言行有了更高的要求，能立刻唤起你内在沉积的优良素质，通过你的穿着、微笑、目光接触、握手等一举一动，让你浑身都散发着一个成功者的魅力。

（二）第一印象

良好的第一印象是一把打开机遇大门的钥匙，人们总是由于对第一印象的信任，而忽视后来的印象。

心理学家研究发现，第一印象的形成是非常短暂的，有人认为是见面的前40秒；有人甚至认为是前两秒，在一眨眼的工夫，他人就已经对你有所定论了。有时就是这几秒钟会决定一个人的命运。因为在生活节奏紧张的现代化社会，很少有人会愿意花更多时间去深入了解一个留给他不美好的第一印象的人。在心理学上，第一印象被称为"首要效应"，无论它是正确的还是错误的，大部分人都依赖于第一印象的信息，而这个第一印象的形成对于日后的决定起着非常大的作用。毫不夸张地说，第一印象就是效率，就是经济效益。它比第二次、第三次的印象和日后的了解更重要。第一印象的好与坏几乎可以决定人们是否能够继续交往。

尽管有时第一印象并非完全准确，但正如中国的俗语"先入为主"，第一印象的建立如同在一张白纸上用墨水笔写字，写下了就难以再抹去。不管人们愿意与否，第一印象总会在以后的决策时，在人的感觉和理性的分析中起着主导作用。

尽管我们理直气壮地讲："不要以书的表面来判断其内容。"但是不可否认，世界范围内很多人都在这么做，包括我们自己。别人在根据我们的外表和举动判断我们；我们也通过观察别人的外表，包括长相、身材、服装、言语、声调、动作等来判断他们。

我们是如何进行这样的判断的呢？美国心理学家奥伯特·麦拉比安发现人的印象形成是这样分配的：55%取决于你的外表，包括服装、个人面貌、体型、发色等；38%是如何自我表现，包括你的语气、语调、手势、站姿、动作、坐姿等；只有7%才是你所讲的真正内容。

心理学家还发现，当我们走进一个陌生的环境，人们立刻靠直觉给你做出至少十条总结,如你的经济条件、教育背景、社会背景、你的精明老练程度、你的可信度、婚姻与否、家庭出身背景、成功的可能性、年龄、艺术修养、健康状态等。我们常听人讲:"一看他,就知道他是一个什么样的人。"这就是第一印象。这所谓的"一看",无非只有几秒钟的时间,而这几秒钟就可以让人们判断你的生活历史,预期你的未来发展。

正如同我们生活中任何游戏的取胜都有其固定的规则和策略一样,只有遵循一个最佳规则你才能取胜。在今天,毫无疑问,形象已成为任何一个人事业成功的重要游戏规则。我们在这里强调的形象设计理念是"为了成功树立形象",而不是"为了漂亮而穿着"。我们的形象不同于舞台艺术,不同于时尚,更不同于别出心裁的奇异、古怪。我们寻求引人注目,但是,我们更加注重建立职业权威、可信度和影响力。形象设计的目的不是为了追求外在的美,而是为了辅助事业的发展,展示给人们你的力量和成功的潜力。

(三)魅力核心

心理学家在对学生的统计中发现,在 IQ(智商)相同的情况下,自信的学生在学校的成绩好于不自信的学生。心理学家在解释"为什么一样的天才,有人成功,有人却不成功"时指出:"不成功者的自我认识低,因而易受外界影响。尤其是在外界的消极影响之下,他们会产生高度的焦虑,因而表现不佳。而且自我激励不足。"因而,西方心理学家认为成功的人能够"积极地自我认识(自信),这是取得成就的驱动力之一,也是高度才智的潜力"。

自信是一种认识和态度,也通过人的风格来表现。美国形象设计大师鲍尔说:"成功男人的风格反映在外表,而优雅来自内在,它是你的自信及对自己的满意,它通过你的外表、举止、微笑展示。"自信并不一定是天生具有的,它可以通过后天的培养而产生。如果你在生活中认真观察,你会发现这种自信是有感染力的。由于自信,朋友和同事愿意跟随着你;因为自信的气势,让别人相信你能把任何事都变成现实。然而,自信却不一定需要用语言来表达,它通过你的神态、语气、姿势、仪态等,无声无息地、由里向外地散发着魅力。这种魅力的力量不是外表的伪装,而是发自内心地对自己的信任以及对生活的信任。自信的人首先忠诚于自己的信念,这种信念融入你的言行、举止,让你的举手投足都在辅助你的语言所表达的信息,因而让人们相信你的能力和人格。

一个人是否热情,决定了人们是否会喜欢他、亲近他、接受他。热情的品质影响着一个人生活的每一个方面。热情是一个优秀形象所具备的基本品质，一个人是热情还是冷酷，决定了他在社交场上是被人喜爱还是被排斥。一个人最让人无法抗拒的魅力就在于他的热情，我们仔细地回想一下我们身边热情的人，就不难理解热情在社交和工作中有着多么强烈的感染人和吸引人的力量。

心理学家认为，热情的人之所以被人们喜欢，是因为热情的品质包含了更多的个人品质信息，它让人们联想到与之相关的其他优良品质和特性，这正是"光环效应"的反映。一旦我们被热情所吸引，我们就会认为热情的人真诚、积极、乐观。正因为热情的感染和蛊惑力，政治家们不惜一切代价，用充满了激情的语言、表现出旺盛精力的姿态、热情洋溢的面部表情、生动的身体语言等来表现自己的热情，来赢得选民的喜爱。性情活泼、热情的政治家就能轻易博得选民的喜爱，丘吉尔、肯尼迪、里根、克林顿等这些20世纪的领袖无不具备热情的品质。

热情或许能够在关键的时刻成为我们迈向成功的砝码。一位广告业的人事经理在谈到自己雇人的原则时说："第一是看他是否热情，如果没有一个让人愉快的性格，即使有才华，也会把我们的客户都吓得逃之夭夭。"

热情的源泉来自对生活的热爱和信赖，它可以通过各种方式表现出来。只要我们用积极和宽容的态度对待生活，由衷地欣赏、热爱并赞美我们所见到的每一个人和每一件事，我们周围的人就能体会到我们的热情。热情为成功的形象增加魅力的光环。

三、职场仪容仪表

常言说得好，"人靠衣装马靠鞍"。服饰是一种文化，反映一个民族的文化素养、精神面貌和物质文明发展的程度；着装是一门艺术，正确得体的着装能体现个人良好的精神面貌、文化修养和审美情趣。良好职业形象的树立与正确着装有着密切的联系。

（一）着装的"三合"原则

在日常工作与生活中，职场人员一般将面临三种场合：工作场合、社交场合、休闲场合。应根据不同的场合选择不同的服装。

1. 工作场合

工作场合是指工作时涉及的场合。在工作场合着装宜选择正装、制服或工装，除此之外还可以选择长裤、长裙、长袖衫，不宜穿时装、便装及短袖衫。商务人员着装要端庄大方。

2. 社交场合

社交场合是指工作之余在公众场合和同事、商务伙伴友好地进行交往应酬的场合。社交场合着装应突出时尚个性，宜着礼服、时装、民族服装，不宜选择过分庄重保守的服装，以免与周围环境不协调。

3. 休闲场合

休闲场合是指在工作之余一个人或与家人单独相处时，或者在公共场合与其他不相识者共处时所在的场合。休闲场合着装以舒适自然为主，可选择运动装、沙滩装、牛仔装及非正式便装，如T恤、短裤、凉鞋等。

（二）"三服"中的礼仪

在职场往往涉及较多的三类服装是制服、西服和女士服装，简称"三服"，而且都有其着装的礼仪。

1. 企业制服

企业制服是指由某个企业统一制作，并要求某一个部门、某一个职级的员工统一穿着的服装。穿着制服时要保证制服的干净、整洁、完整，不允许出现又脏又破、随意搭配、"制便混穿"的现象。

2. 男士西服

男士西服是指西方国家较为通行的两件套或三件套的统一面料、统一色彩的规范化的正式场合的男装。男士穿着西装时务必整洁、笔挺，遵守西服穿着"三个三"要求，即三色原则、三一定律、三大禁忌。

（1）三色原则，是指穿着西装时，全身颜色必须限制在三种之内。

（2）三一定律，是指穿着西服、外套时，鞋子、腰带、公文包的颜色必须协调统一，最理想的色彩是黑色。

（3）三大禁忌，是袖口上的商标没有拆，在非正式的场合穿着夹克打领带，穿西服套装时穿尼龙丝袜和白色袜子。

男士穿着西装时，衬衫也十分讲究。衬衫的领子要挺括，不可有污垢、汗渍；下摆要塞进裤子里，系好领扣和袖扣；领口和袖口要长于西服上装领口和袖口1~2厘米，以显出层次；里面的内衣领口和袖口不能外露。

穿西装一般应系领带，领带结要饱满，与衬衫领口要搭配；长度以系好后大箭头垂到皮带扣为宜；领带夹夹在衬衫的第三粒与第四粒纽扣之间。

皮鞋的颜色不应浅于裤子，最好选深色。例如，黑皮鞋可以配黑色、灰色、藏青色西服，蓝色皮鞋配黄褐色或米色西服。鞋要上油擦亮。袜子一般应选择黑色、棕色或藏青色，与长裤颜色相配。三件套的西装，在正式场合下不能脱外套。按照国际惯例，西装里不穿毛背心和毛衣；而在我国最多只加一件"V"字领毛衣，以保持西装线条优美。

3. 女士服装

办公室服饰的色彩不宜过于夺目，应尽量考虑与办公室色调、气氛相和谐，并与具体的职业分类相吻合。服饰应舒适方便，以适应整日的工作强度。坦露、花哨、反光的服饰是办公室所禁忌的。在较为正式的场合，女性应选择正式的职业套装或套裙；较为宽松的职业环境，可选择造型感稳定、线条感明快、富有质感和挺感的服饰。服装的质地应尽可能考究、不易皱褶。

穿裙子时，袜子的颜色应与裙子的颜色相协调，袜子口避免露在裙子外面。年轻女性的短裙至膝盖上3~6厘米，中老年女性的裙子要及膝下3厘米左右。鞋子要舒适、方便、协调而不失优雅。

（三）配饰穿戴规范

手表、腰带、钢笔、公文包、眼镜、钱包、手套、戒指等在英文中被称为"附件"或"修饰物"，这意味着它们并不是缺之不可。但是，正是这些易被人忽略的"附件"，可以让人们辨别一个人的真实身份。

在商务形象设计的原则中，修饰物应该越少越好，要本着"设计简单，质量精致"的原则。美国设计大师罗伯特·庞德认为："少就是多！"饰物越少，越能够让人细心品味。配饰物如同画中的亮点，如果过多，会让人感到俗不可耐。多余的修饰物除了让人感到"过时"、"土气"、画蛇添足之外，别无其他功能。

配饰穿戴应遵循以下细则：

(1) 不要佩戴领带夹、领徽等多余饰品。

(2) 选用优质真皮或金属表链的金属表。

(3) 金丝边眼镜比塑料边的儒雅，不要选用粗、厚、宽的塑料框架眼镜。

(4) 腰带要与皮鞋同色，腰带扣性质要简洁，不要把大字符的商标符号显露在外，避免带有太显眼的品牌 Logo 的附件。

(5) 公文包最好选用深棕色或黑色的牛皮或羊皮包。外表杜绝一切花纹图案和文字，因为"花哨"意味着"低品位"。

四、职场仪态

仪态是人们在外观上可以明显地察觉到的活动、动作以及在动作活动之中身体各部分呈现出的姿态。在人际交往中，优雅的仪态可以透露出自己良好的礼仪修养，增加不少好印象，并进而赢得更多合作和被接受的机会，进而创造财富。

（一）微笑

微笑语是通过不出声的笑来传递信息的。微笑是由从嘴角往上牵动颧骨肌和环绕眼睛的括纹肌的运动所组的，而且左右脸是对称的。微笑语在人类各种文化中传递的意思基本相同，是真正的"世界性语言"。微笑对自身而言，表达心情愉快；对他人而言，则表示尊重和善意。你向对方微笑，对方也回报以微笑。他用微笑告诉你，你让他体验到了幸福感，因为你的微笑增强了他的自信。换言之，是你的微笑使他感到了自己的价值。于是，有人把微笑这一"体语"称为交际中的"货币"，人人都能付出，人人乐于接受。

在任何场合，只要你不吝惜微笑，你都能成为最受欢迎的人，从而实现你所希望的结果。在人际交往中公关人员要学会微笑，要善于微笑；在公关活动中要注意，在迎来送往、需要拒绝、道歉、请求时多使用微笑语。

微笑不但能够保持你自己外在的良好形象，而且也影响着自己和别人的情绪。真诚的微笑能调节体内的荷尔蒙，让体内产生胺多酚，能让人由内向外散发愉悦的光彩。同时，笑容又能够影响他人，让他人也像你一样产生愉悦情绪，这是一个良性的传播快乐的过程。

（二）体态礼仪

人类的体态语言有着丰富的内容，虽说无声，但表达的情感却是极其丰富的，它的作用有时是口头语言所替代不了的。据有关专家研究，体态语在当今生活中的使用频率占到55%。所以，人们对体态语言在公关活动中的作用也越来越重视。

1. 表情语

表情语主要集中在人的面部，是由眉、眼、鼻、嘴构成的区域所传达的信息和情感。表情语是最富有变化性和多意义的体态语言，也是人际活动中使用频率较多和范围较广的体态语言，它在人际沟通时能够恰如其分地表现出人的内在感情。

目光语也就是眼睛的语言。印度诗人泰戈尔说："一旦学会了眼睛的语言，表情的变化将是无穷无尽的。"这说明目光语的表现力是极强的，是其他举止无法比拟的，它能最明显、最自然、最准确地展示一个人的心理活动。

正确使用目光语应注意以下几点：

（1）注视的时间。注视对方的时间也要恰到好处，不宜过长或过短。例如，表示友好时，注视对方的时间约占全部相处时间的1/3；表示关注时，注视对方的时间约占全部相处时间的2/3；表示轻视时，注视对方的时间不到全部相处时间的1/3。

（2）注视的角度。在普通场合与身份、地位平等的人进行交往时要平视，表示尊重敬畏对方时要仰视，表示对晚辈宽容、怜爱时要俯视。

（3）注视的部位。在公关活动中，注视对方的额头；在社交场合注视对方的眼部至唇部区。一般情况下，与他人相处时，不要注视对方头顶、大腿、脚和手部。对异性而言，通常不应注视肩部以下，尤其是不应注视其胸部、裆部、腿部。

（4）注视的方式。表示专注、恭敬时可凝视；表示认真、尊重时可直视；表明自己大方、坦诚、关注对方时可对视；同时与多人打交道，表示认真、重视时可环视。

公关场合不宜多用或忌用的眼神：

（1）盯视。目不转睛地长时间地凝视他人的某一部位。

（2）虚视。目光游离、眼神不集中，表示胆怯、疑虑、走神、疲乏、失意、无聊。

（3）扫视。视线移来移去，注视时上下左右反复打量，表示吃惊、好奇。

（4）眯视。眯着眼睛注视，表示惊奇、看不清楚，神态不好看。

（5）无视。也叫闭视，即闭上眼睛不看对方，表示疲惫、反感、生气、无聊、没有兴趣。

（6）他视。不注视对方，望着别处，表示胆怯、害羞、心虚、反感、心不在焉

2. 手势语

手势语是由手指、手掌、手臂的动作有机构成的动作语言形式。

手势语大致分为四种：

（1）情感手势，表达讲话者情感形象化、具体化的手势。

（2）象征手势，表示抽象意念的手势。

（3）形象手势，模拟物状，给听众一种形象感觉的手势。

（4）指示手势，指示具体对象的手势

手势语有多种复杂含义，一般说，手向上、向前、向内，往往表示希望、成功、肯定等积极意义的内容；手向下、向后、向外，往往表示批判、蔑视、否定等消极意义的内容。例如，空中劈掌表示"坚决果断"，双手摊开表示"无可奈何"。

3. 空间语

在交往的过程中要注意空间距离的把握，它在一定程度上影响着交往的成败。

（1）亲密距离。15厘米以内是最亲密区间，只适宜于恋人、夫妻、贴心朋友之间或外交场合的迎宾拥抱、亲吻等。

（2）个人距离。15~75厘米为个人距离，一般适合于熟人交往，社交场合中适用于会晤、促膝谈心、握手等。

（3）社交距离。75~210厘米为社交距离，它体现出一种公事上或礼节上的较正式关系，适宜于接见来访者、企业间的谈判、与客户谈生意等。

（4）公众距离。210厘米以外为公众距离，这是在较大的公共场合内的距离间隔，如作报告、演讲等，人与人之间不发生任何交往。

（三）电话礼仪

1. 打电话时的注意事项

（1）要选好时间。打电话时，要考虑对方是否方便，如非重要事情，尽量避开对方休息、用餐的时间，一般应在早上八时后、晚上十时前，最好别在节假日打扰对方

（2）要掌握通话时间。打电话前，最好先想好要讲的内容，以便节约通话时间，不要现想现说；通常一次通话不应长于3分钟。

（3）态度友好。通话时不要大喊大叫，震耳欲聋。

（4）用语规范。通话之初，应先做自我介绍，不要让对方"猜一猜"。让对方找人或代转时，应说"劳驾"或"麻烦您"，不要认为这是理所应当的。

2. 打电话时的礼仪规范

（1）重要的第一声。打电话时，要有给对方留下美好的第一印象意识。电话接通时，声音要清晰、悦耳、甜美，大小适中，吐字清楚。

（2）要有喜悦的心情。打电话时要保持良好的心情，让对方从欢快的语调中感受到你热情礼貌的情绪，给对方留下极佳的印象。

（3）保持正确的姿势。打电话的过程中不要吸烟、喝茶、吃零食，懒散的姿势也能使对方"听得出来"。

（4）迅速准确地接听。电话铃响后，最好在三声之内接听；如果超过五声，应该先向对方道歉。

（5）认真清楚地记录。随时牢记5WH技巧：① When 何时；② Who 何人；③ Where 何地；④ What 何事；⑤ Why 为什么。

（6）了解来电话的目的。接电话时要尽可能问清事由，了解对方来电话的目的。

（7）挂电话前的礼貌。要结束电话交谈时，一般应当由打电话的一方提出，然后彼此客气地道别，说一声"再见"，再挂电话；不可只管自己讲完就挂断电话。

（8）会议或洽谈时应关机。在会议中或和别人洽谈的时候，最好的方式是关机，即使不关机也要调到震动状态。这样既显示出对别人的尊重，又不会打断发言者的思路。在会场上铃声不断，像是业务很忙，使大家的目光都转向你，则显示出手机主人缺少修养。

（9）不宜大声接听手机的场合。公共场合，特别是楼梯、电梯、路口、人行道等地方，不可以旁若无人地使用手机，应该把自己的声音尽可能地压低，绝不能大声说话。在一些场合，如在看电影时或在剧院打手机是极其不合适的，如果非得回话，则采用静音的方式发送手机短信是比较适合的。

（10）发送短信的礼仪。在短信内容的选择和编辑上，应该像重视通话文明一样；不要在别人能注视到你的时候查看短信，不要一边和别人说话一边查看手机短信，这样对别人不尊重；不要编辑或转发不健康的短信，特别是一些带有讽刺伟人、名人甚至是革命烈士的短信，更不应该转发。

（四）握手礼

握手是陌生者之间第一次的身体接触，只有几秒钟的时间。但是，正是这短短的几秒钟，决定了对方对你的喜欢程度。握手的方式、用力的轻重、手掌的湿度等像哑剧一样无声地向对方描述你的性格、可信程度、心理状态。握手的质量表现了你的态度是热情还是冷淡，是积极还是消极，是尊重别人、诚恳相待，还是居高临下、屈尊地敷衍了事。一个积极的、有力度的正确的握手方式表达了你友好的态度和可信度，也表现了你对别人的重视和尊重。一个无力的、漫不经心的、错误的握手方式立刻传送出了不利于你的信息，让你无法用语言来弥补，它在对方的心里留下了对你非常不利的第一印象。

1. 握手的顺序

握手的顺序一般讲究"尊者决定"，即待女士、长辈、已婚者、职位高者伸出手之后，男士、晚辈、未婚者、职位低者方可伸手去呼应。平辈之间，应主动握手。若一个人要与许多人握手，顺序是：先长辈后晚辈，先主人后客人，先上级后下级，先女士后男士。

2. 握手的方式

握手时，距对方约一步远，上身稍向前倾，两足立正，目视对方，伸出右手，四指并拢，虎口相交，拇指张开下滑，向受礼者握手。

男士同女士握手时，一般只轻握对方的手指部分，不宜握得太紧太久，时间控制在三五秒钟以内。右手握住后，左手要搭在其手上，是我国常用的礼节，表示更为亲切，更加尊重对方。

3. 行握手礼的禁忌

我们在行握手礼时应努力做到合乎规范，避免违反下述失礼的禁忌。

（1）不要用左手相握，尤其是和阿拉伯人、印度人打交道时要牢记，因为在他们看来左手是不干净的。

（2）在和基督教信徒交往时，要避免两人握手时与另外两人相握的手形成交叉状，这种形状类似十字架，在他们眼里这是很不吉利的。

（3）不要在握手时戴着手套或墨镜，只有女士在社交场合戴着薄纱手套握手，才是被允许的。

（4）不要在握手时另外一只手插在衣袋里或拿着东西。

（5）不要在握手时面无表情、不置一词或长篇大论、点头哈腰、过分客套。

（6）不要在握手时仅仅握住对方的手指尖，好像有意与对方保持距离。正确的做法是握住整个手掌，即使对异性也应这样。

（7）不要在握手时把对方的手拉过来、推过去，或者上下左右抖个没完。

（8）不要拒绝握手，即使有手疾或汗湿、弄脏了，也要和对方说一下"对不起，我的手现在不方便"，以免造成不必要的误会。

（五）介绍礼仪

1. 自我介绍的形式

自我介绍时应先向对方点头致意，得到回应后再向对方介绍自己的姓名、身份、单位等。自我介绍的具体形式：

（1）应酬式。适用于某些公共场合和一般性的社交场合，这种自我介绍最为简洁，往往只包括姓名一项即可。

（2）工作式。适用于工作场合，它包括本人姓名、供职单位及其部门、职务或从事的具体工作等。

（3）交流式。适用于社交活动中，希望与交往对象进一步交流与沟通。它大体应包括介绍者的姓名、工作、籍贯、学历、兴趣及与交往对象的某些熟人的关系。

（4）礼仪式。适用于讲座、报告、演出、庆典、仪式等一些正规而隆重的场合。它包括姓名、单位、职务等，同时还应加入一些适当的谦辞、敬辞。

（5）问答式。适用于应试、应聘和公务交往。问答式的自我介绍应该是有问必答，问什么就答什么。

2. 自我介绍的注意事项

（1）注意时间。要抓住时机，在适当的场合进行自我介绍，如对方有空闲，而且情绪较好，又有兴趣时，这样就不会打扰对方。自我介绍时还要简洁，尽可能地节省时间，以半分钟左右为佳。为了节省时间，作自我介绍时，还可利用名片、介绍信加以辅助。

（2）讲究态度。进行自我介绍，态度一定要自然、友善、亲切、随和，应落落大方、彬彬有礼。既不能唯唯诺诺，又不能虚张声势、轻浮夸张。语气要自然，语速要正常，语音要清晰。

（3）真实诚恳。进行自我介绍要实事求是、真实可信，不可自吹自擂、夸大其词。

3. 他人介绍的顺序

他人介绍又称第三者介绍，是为彼此不相识的双方引见、介绍的一种交际方式。为他人作介绍时，必须遵守"尊者优先"（尊者优先获知他人信息）原则，即先介绍身份低的、男士或年轻的，后介绍身份高的、女士或年长者。

4. 他人介绍的方式

由于实际需要的不同，为他人作介绍时的方式也不尽相同。

（1）一般式。也称标准式，以介绍双方的姓名、单位、职务等为主，适用于正式场合。例如："请允许我来为二位引见一下。这位是雅秀公司营销部李主任，这位是新河集团江副总。"

（2）简单式。只介绍双方姓名一项，甚至只提到双方姓氏而已，适用于一般的社交场合。例如："我来为大家介绍一下，这位是谢总，这位是徐董。希望大家合作愉快。"

（3）附加式。也可以叫强调式，用于强调其中一位被介绍者与介绍者之间的关系，以期引起另一位被介绍者的重视。例如："大家好！这位是新月公司的业务主管张先生，这是小儿刘放，请各位多多关照。"

（4）引见式。介绍者所要做的，是将被介绍的双方引到一起即可，适用于普通场合。例如："OK，两位认识一下吧。大家其实都曾经在一个公司共事，只是不是一个部门。接下来的，请自己说吧。"

（5）推荐式。介绍者经过精心准备再将某人举荐给某人，介绍时通常会对前者的优点加以重点介绍。通常，适用于比较正规的场合。例如："这位是张峰先生，这位是海天公司的赵海天董事长。张先生是经济博士，管理学专家。赵总，我想您一定有兴趣和他聊聊吧。"

（6）礼仪式。这是一种最为正规的他人介绍，适用于正式场合，其语气、表达、称呼上都更为规范和谦恭。例如："孙女士，您好！请允许我把北京远方公司的执行总裁李放先生介绍给你。李先生，这位就是广东润发集团的人力资源经理孙晓女士。"

★ 活动与体验

活动一　微笑练习

（1）相信生活的公正，每天感谢生活三遍，忠诚于自己的信念，让你的心先笑起来。

（2）微笑必须来自内心，否则脸笑而心不笑，看起来就是假笑。

（3）每日对着镜子微笑五分钟，大笑五分钟。

（4）对一个陌生人微笑，看一看他/她的反应。

（5）每当要面对他人时，先对他微笑。

活动二　握手练习

（1）先自我介绍，再伸出你的手。通常是职位高的人或者女士、长者先伸手，表示愿意与对方握手。如果他们没伸手，你应该等待。若对方非常积极主动地先伸出手来，一定要去回握，否则不但让对方感到窘迫，也显出你不懂礼仪。

（2）握手时，要与对方目光接触，面带笑容。

（3）当你伸出手时，手掌和拇指应该成一个角度，一旦你的手与别人的手握在一起，你的四指与拇指应该全部与对方的手握在一起。

（4）握手要有一定的力度，这表现出你坚定、有力的性格和热切的态度。

（5）握手时间约为五秒，少于五秒显得仓促，如果握得太久显得过于热情。

活动三　求职应聘模拟

在专业教师的指导下，将班上同学分成男女两组，结合所学内容，按照实际求职应聘的流程，做一次模拟应聘。

训练自己应聘时的仪容、仪表、仪态和语言的使用等。

★ 职场实训

【案例1】

两位商界的老总，经中间人介绍，相聚谈一笔合作的生意。这是一笔双赢的生意，而且做得好还会大赢，看到合作的美好前景，双方的积极性都很高。A 老总首先拿出友好的姿态，恭恭敬敬地递上了自己的名片。B老总单手把名片接过来，一眼没看就放在了茶几上；接着他拿起了茶杯喝了几口水，随手又把茶杯压在名片上。A老总看在了眼里，明在心里，随口谈了几句话，起身告辞。

事后，他郑重地告诉中间人，这笔生意他不做了。当中间人将这个消息告诉B老总时，他简直不敢相信自己的耳朵，一拍桌子说："不可能！哪儿有见钱不赚的人？"立即打通A老总的电话，一定要他讲出个所以然来，A老总道出了实情："从你接我的名片的动作中，我看到了我们之间的差距，并且预见到了未来的合作还会有许多的不愉快。因此，还是早放弃的好。"闻听此言，B老总放下电话痛惜失掉了生意，为自己的失礼感到羞愧。

请你判断、分析一下：B老总违反了哪些礼仪？

_____

_____

_____

【案例2】

大四即将毕业的女生小王，在一次面试中总体表现还算不错。面试结束后，面试官非常客气地将其送至门口。小王感觉自己应该跟面试官客套几句，握手告别才对。根据自己掌握的礼仪知识，下级或晚辈应该等上级或长辈先伸手再行握手礼；男士应该等女士先伸出手后再行握手礼。可现在的小王感觉很矛盾——对方是上级，但是男士；自己是下级，但是女士。到底该怎么办？

请回答：小王到底该怎么办？

_____

_____

_____

★拓展测试

个人职商测试

"职商"是一种包含了判断能力、精神气质、积极态度的综合智慧，它关乎自我与工作、现状与发展的契合度。具备优秀的"职商"对于达成职业目标极其重要。请认真回答下面的问题，现在就来测试一下你的"职商"为多少吧。

基本礼仪

1. 每天临出门前，你面对镜子：

    A. 前后左右仔细打量一番，看看是否得体无误

    B. 露出一个大大的笑脸，鼓励一下自己

    C. 匆匆路过镜子，稍微看一下自己的脸是否还睡眼惺忪

    D. 根本没有心情照镜子，经常找不到镜子在哪里

2. 你每天用在整理自己仪容的次数大约是：

    A. 大约每两小时一次，时刻保持自己的职业形象

    B. 午餐的时候找个时间做个调整

    C. 除非有重要的场合要出席或意外情况，否则哪来的空闲搞这些

    D. 根本就不会顾及这个方面的事情

3. 你现在愿意改变工作方式在家办公吗？

    A. 不会，不希望自己脱离主流职场被边缘化

    B. 似乎有些吸引力，但是我还是不会选择，我需要和社会保持密切接触

    C. 无所谓吧，我随便，看工作性质而定

    D. 热烈倡导，在家办公自由无拘束，正是我的梦想

职业素养

4. 工作时，你经常打电话或者上网找人聊天吗？

    A. 这怎么可能，我工作都忙不过来呢

    B. 偶尔吧，空闲的时候可能会打个电话，多半有私事

    C. 有空就打电话或上网

    D. 几乎天天有一半甚至更多的时间泡在网上聊天

5. 你的办公桌上摆着：

    A. 钟

    B. 植物

    C. 照片或玩具

    D. 除了文件什么都没有

职商与求职

6. 工作时你会陷入空想，将工作搁置下来吗？

    A. 从来没有，我是个实干家

B. 偶尔，当我太累的时候，可能会不自觉地发呆

C. 有时候会突然陷入一种心境怀念感，就还是发呆了，但还不算太频繁

D. 经常陷入空想，几乎不能自我控制

7. 走在路上，你听到有钥匙掉落在地上的声音，你的直觉告诉你那是：

　　A. 错觉，我这么严谨怎么会遗落东西呢

　　B. 只有一把钥匙

　　C. 两三把钥匙

　　D. 一大串钥匙

8. 和上司一起参加一个社交会，你会：

　　A. 无拘无束，很豪放，尽量表现自己的"八面玲珑"

　　B. 开始时可能略有矜持，但礼仪得当，能营造出和谐融洽的气氛

　　C. 害羞，有些不知所措，但仍然能够主动打招呼说话，融入气氛

　　D. 十分谨慎，感到很不合群，几乎不太说话

9. 年终发红利的时候，你：

　　A. 很开心，又可以请客户大玩一通了

　　B. 对红包的厚度十分自信，这下要好好慰劳一下自己了

　　C. 紧张得像看成绩单，打开之前心里忐忑不安

　　D. 完全提不起兴趣

10. 当你和上司的意见不一致时，你会：

　　A. 据理力争，坚定表现自己的立场，并且不自觉提高自己的音量

　　B. 以柔克刚，尽量提出双方都能接受的解决方法

　　C. 连续争辩，如果不行就保持沉默，一切让老板决定

　　D. 老板那么凶，我根本不敢和他提出会引起争议的问题

11. 如果你的大老板跃过你的顶头上司直接向你布置任务的话，你会如何应对：

　　A. 尽善尽美地完成，牢牢抓住这个表现的机会

　　B. 谦逊地向顶头上司请教，并将功劳的一半分给顶头上司

　　C. 直接推给顶头上司

　　D. 大肆宣扬，借以炫耀自己受到了大老板的器重

12. 你遇同事在你面前议论其他同事长短，你会：

　　A. 表现出厌恶，可能会粗暴地打断他令他下不了台

B. 继续手中的工作，并婉转的提醒他现在是工作时间

C. 虽然不发表意见，但也感到好奇，暂停工作听他说

D. 很有兴趣，并和他一起展开议论

13. 遇到有异性同事开过火的玩笑，你会：

    A. 这样的事情司空见惯，跟着一起开玩笑，谁怕谁啊

    B. 用委婉的方式表达自己的不悦，让对方停止但也不伤和气

    C. 忍气吞声，勉强自己也跟着笑两下

    D. 立刻翻脸，不留一点情面

求职

14. 最近你最常和谁一起吃晚餐？

    A. 上司

    B. 客户

    C. 同事

    D. 爱人

15. 如果你在事业上非常成功，但你常常觉得工作压力很大。你将如何调整心态呢？

    A. 运动，打球或去健身房什么的，彻底放松一下

    B. 学做个小菜，比如辣子鸡丁什么的，给爱人一个惊喜

    C. 卸下工作时的模样，换张脸，出去和朋友疯狂

    D. 整理房间，上上网，顺便为自己的发展找条后路

16. 对培训、集体旅游、奖金等公司福利，你是如何看待的呢？

    A. 我更愿意公司送我到国外进行培训，我很想进一步"充电"

    B. 旅游和健身我都很喜欢，陶冶情操，锻炼身体，而且可以学到很多东西

    C. 不管是什么福利，公司提供的就要充分享受

    D. 要什么福利，还不如兑换成现金呢

17. 对于各种情侣测试，你通常：

    A. 不屑一顾，觉得都是骗人的把戏

    B. 有时候测着玩玩，怀着美好的期望，但也不被结果左右

    C. 虽然嘴上说不相信，但情绪很受结果的影响

D. 只要是这类测试都做，信则有，不信则无

18. 你有没有多次做同一个梦的情况？

   A. 从来没有，我根本很少做梦

   B. 好像有过，但记不清楚

   C. 明确记得有过，感觉很诡异

   D. 经常做同一个梦，感到很疑惑，有时也会害怕

19. 冬天又到了，你对冬天经常有的感觉是什么

   A. 年终又是一个繁忙的时间，工作一定要安排妥当才行

   B. 白雪飘飘，美不胜收，只是下雪了容易塞车迟到

   C. 就一个字——"冷"

   D. 我讨厌冬天，心情和天气一样阴霾

记分与解释：

A：8分　　B：5分　　C：3分　　D：1分

得分综合评价

（1）121~152分：你对职业过分满足！也就是说，你是个"工作狂，你是典型的职业强人"。建议你不妨轻松一下，将要做的是需要多彩的生活去滋润，才会越活越精彩。

（2）93~120分：你的职业商数很高，完全能够胜任目前的工作。你是个聪明而能干的人，并且懂得爱惜自己。但你的职业能否实现个人价值，就要看看你的运气喽。

（3）70~92分：你是个重生活的人。如果你没有想当元帅的念头，那么明年依然能够顺利发展，但不会有很大的起色。作为职场能人，你可能被大多数人羡慕，稳定而不太操劳。建议你不要轻易跳槽，当然如果有绝好的机会也不要放弃。也许你在职场上能够变得非常出色，如果你再勤奋一些的话。

（4）43~69分：看来你不太适合这个工作，或者你真的不太了解职场的规则。下一年度你可以多注意一些职场的新动态，有合适岗位不妨给自己一个重新开始的机会。当然，你也可以利用辞旧迎新的时机，重新定位自己的职业形象。从职业的角度来说，你的工作风格似乎有点琐碎。让自己的心胸再广阔一些吧，这样你的机会将更多更好。

（5）19~42分：你的职业简直病入膏肓！你极度不满意自己的职业，每一天简

直像在为仇家工作。毫无疑问,没有必要再干下去!否则,你很可能染上心理疾病。立即鼓足勇气,去寻找令你满意的工作吧。新时代的职业人,你应该有一份适合自己的工作!

模块五　职场沟通

★案例探析

2005年12月9日，著名导演陈凯歌携妻子陈红一起参加电影《无极》的宣传活动。活动开始之前，一家电视台的记者就这样问陈导："《无极》耗资3亿元，集合了中、日、韩三国六大明星，如果上映之后票房惨败，你会做何感想？"

话音未落，陈凯歌一脸不悦，嗓音立刻提高了八度："你说这话是什么意思？什么叫票房惨败？我的电影还未上映，你凭什么这么讲？"

现场的气氛十分紧张，采访还未开始就宣告结束。在随后的正式活动发言中，陈凯歌再次提及刚才这个问题，并且把矛头对准了这位记者："他的问题实在是极不妥当，一点都不客观。我们和媒体的关系，本来是互相支持，像他那样根本就是在毫无根据地贬低《无极》！就好比一个婴儿还未满月就问他的父母，这个孩子如果夭折了，他们会怎么办？这样的问题，你们觉得合适吗？"

请同学们思考

（1）想一想：这位记者的提问存在什么不妥之处？

（2）说一说：工作中需要哪些方面的沟通？

（3）查一查：自己与周围人的沟通是否顺畅？

★认知与理解

一、沟通与沟通模式

成功学家们的研究表明，一个正常人每天花60%~80%的时间在"说、听、读、写"等沟通活动上。因此，一位智者总结道："人生的幸福就是人情的幸福、人缘的幸福，人生的成功就是人际沟通的成功。"而实际上，我们工作中70%的错误是由于不善于沟通，或者说是不善于谈话造成的。大学生作为未来职业人，只有通过有效的沟通，才能在就业、择业与创业的过程中乘风破浪，顺利实现自己的人生价值。

（一）沟通的含义

沟通就是信息双向甚至多向传与受的行为，发送者凭借一定的渠道将信息传递给接收者，并寻求反馈以达到相互理解的过程。沟通是指社会中人与人之间交流思想、观点、态度、情绪和交换信息的行为。

（二）常见的三种沟通模式

1. 沟通漏斗模式

沟通漏斗呈现的是一种由上至下逐渐减少的趋势，因为漏斗的特性就在于"漏"。当你在众人面前用语言表达心里100%的东西时，这些东西已经漏掉了20%，你说出来的只剩80%了。而当这80%的东西进入别人的耳朵时，由于文化水平、知识背景的关系，只存活了60%。实际上，真正被别人理解了、消化了的东西大概只有40%。等到这些人遵照领悟到的40%具体行动时，已经变成20%了。其如图2所示。

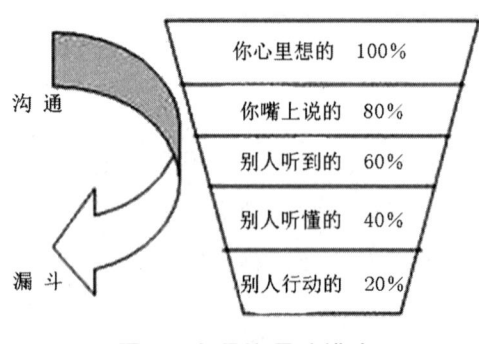

图2　沟通的漏斗模式

2. 沟通金三角模式

沟通金三角反映的是一种换位思考的思维模式。由图3所示，在三角形的底端，"自己"和"对方"在两边说话，你谈你的事儿，我谈我的事儿，这种沟通只是在对话，是不会成功的；只有在金三角的顶端，双方采用换位思考的方式，使谈话双方都站在对方的角度上，设身处地地为对方考虑，才能真正体会彼此的意思，也才能实现成功的沟通,所以沟通的关键在于换位思考。

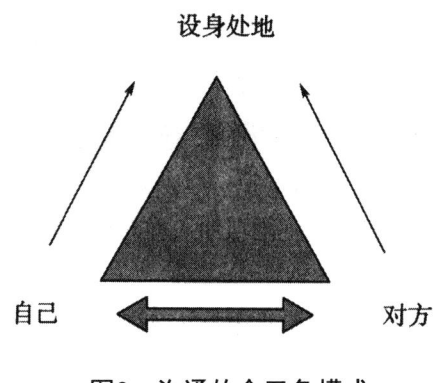

图3 沟通的金三角模式

3. 沟通的冰山模式

沟通的冰山模式反映了两个人或者两组人在谈话时,谈的是同一个话题,但大家说出的内容只是冰山露出水面的部分,而对方真正想表达的东西大部分隐藏在水面以下。冰山露出水面的部分只占整个冰山体积的5%～20%,隐含在水面以下的冰山体积,即对方真正想说却没说出的内容则占到80%～95%。其如图4所示。

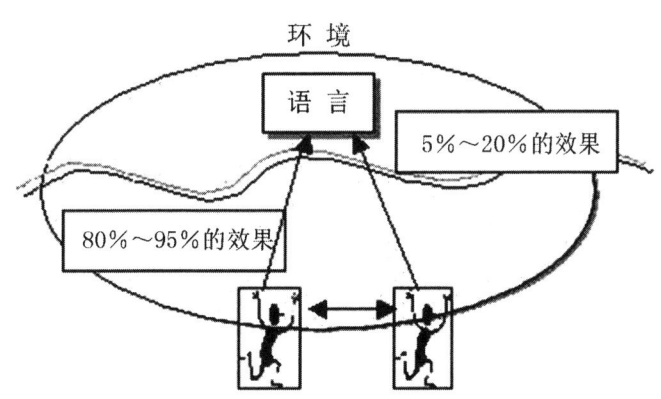

图4 沟通的冰山模式

(三) 有效的沟通应遵循以下原则

1. 运用反馈

许多沟通问题都是由于理解不准确或者误解造成的。通过反馈可以有效改善这些问题。因此,管理者在沟通时,不要唱独角戏,不要以为自己说的话别人就能听懂听全。表达完某一内容之后，可以问一问对方，让他描述或复述一下，或者观察对方的反应，这就是反馈。反馈可以有效提高理解的准确性。

2. 简化语言

有效沟通不仅意味着要让人们听到，还要让人们听懂。很长的话，过多的术语、行话，过多的书面语等，常常会让人不知所云，所以要注意说话的措辞和逻辑，力求使欲发送的信息清楚、明确，努力用最简单、对方能够听得懂的话来表达想表达的意思。

3. 积极倾听

很多人把沟通等同于说，这其实是个误解。有的人很能说，但常常说半天，人们都不清楚他究竟想表达什么。沟通是信息的交流，是意义的传达。在沟通时不仅要会说，而且还要会听。西方有这样一句话强调了听的重要性："上帝给我们两只耳朵、一张嘴，目的是让我们多听少说。"单纯地听还不够，还要能够倾听。单纯地听是被动，而倾听则是对含义的一种积极主动的搜寻，它要求听者全神贯注。

"听"分为以下几种类型：（1）听而不闻；（2）选择倾听；（3）专注式倾听；（4）有效倾听（主动参与、聚焦谈话内容、注意对方、注意非语言信息、不带偏见、积极反馈，使对方从你的参与中得到鼓励）。积极高效的倾听是一种主动的过程，鼓励对方先开口，表示兴趣，保持视线接触，专心，全神贯注，表示赞同，让别人知道你在听，使用并观察肢体语言，接受并提出回应。

故事启迪

巴顿将军为了显示他对部下生活的关心，搞了一次参观士兵食堂的突然袭击。在食堂里，他看见两个士兵站在一个大汤锅前。

"让我尝尝这汤！"巴顿将军向士兵命令道。

"可是，将军……"士兵正准备解释。

"没什么'可是'，给我勺子！"巴顿将军拿过勺子喝了一大口，怒斥道："太不像话了，怎么能给战士喝这个？这简直就是刷锅水！"

"我正想告诉您这是刷锅水，没想到您已经尝出来了。"士兵答道。

4. 赞赏对方

人的天性是希望得到别人的赞美又都吝啬自己的赞美。受到同事、上级的认可和赞赏，对每个职业人来说都是十分高兴的事。无论是高高在上的名流贵胄，还是卑微平凡的凡夫俗人，人人都希望得到他人的赞美与尊重。就连宠辱不惊的华盛顿，也喜欢别人热情地称呼他"美国总统阁下"；凯瑟琳女皇拒绝接受任何没有注明"女皇陛下"的信函；法国作家雨果希望巴黎有朝一日能改名为雨果市；莎士比亚千方百计想为家族赢得一枚荣誉勋章……

赞美的方式包括美好的语言、眼神、点头、拥抱、跷拇指、击掌、微笑等。赞美的技巧包括：（1）寻找赞美点（外在的硬件、内在的软件、间接关联的）；（2）间接赞美法（背后赞美、用第三者赞美、赞美事实等）；（3）称呼名字法；（4）先抑后扬法；（5）希望赞美法等（生人看特征、熟人看变化等）。

5. 学会感恩

一位教师要求全班同学以最快的速度写出他们最不喜欢的人的姓名，有些同学在30秒之内，仅能写出一个人的名字，甚至是一个都想不出来；而有的同学竟一口气写出了15个之多。经调查发现，那些写出不喜欢的人数最多的人，他自己也正是最不受别人喜欢的人。

学会感恩生活，尝试着去喜欢别人，你就会感觉生活比以前更美好。

6. 换位思考

你是你，我是我，你不是我，我不是你，但你把我当成你，我把你当成我，这样就换了位置，再思考一下。

换位思考的实质就是设身处地为他人着想，即想人所想，理解至上。人与人之间要相互谅解，谅解是理解的一个方面，也是一种宽容。人们都有被"冒犯"、"误解"的时候，如果总是耿耿于怀，心中就会有解不开的烦恼。如果人们能深入体察对方的内心世界，或许能达成谅解。一般说来，只要不涉及原则性问题，许多问题都是可以谅解的。谅解是一种爱护、一种体贴、一种宽容、一种理解。

7. 握非语言沟通

美国传播学家艾伯特·梅拉比安曾提出一个公式：信息的全部表达 =7% 语调 +38% 声音 +55% 肢体语言。在人际交往中，要想取得良好的沟通效果，就要学会充分利用非语言沟通，如目光真诚，常保持微笑，学会积极倾听，讲求服饰艺术，合理利用体态语言。

有人把沟通的原则编成顺口溜，叫作："微笑打先锋，赞美价连城，倾听第一招，人品作后盾。"

二、职场沟通的技巧

（一）职场交往中基本技巧

无论生活还是职场中，与他人共存的我们没有"敌人"，只有"对手"，而能够获得对手尊重的人才会拥有真正的合作伙伴和真心朋友。

那么究竟如何做才能使得我们在面对不同意见时，既能将问题得以解决，又可以为理想的职场关系打下基础呢？

1. 欢迎不同的意见

在职场中，总有些地方是你没有想到的。这时有人提出来，恰恰是帮助你看到自己的盲区。你需要对不同的意见表示感谢，因为它可能恰恰是你避免重大错误的最好机会。

2. 不要相信你直觉的反应

当有人提出不同意见时，你的第一反应一般倾向于自我防卫，感到要为自己的想法做辩护，这正是对自我进行保护的一种表现。此时，你要慎重地去看待自己对不同想法的拒绝。听到不同意见立刻给予反驳，有可能失去的恰恰是你最需要改进的地方。保持冷静，是此刻最佳的表现。

3. 控制你的情绪

没有一个人会喜欢他人对我们的想法指手画脚。你不喜欢，别人也不喜欢。当别人对你的想法提出质疑时，尤其是听到你所不希望听的内容时，你可能感到非常生气。这个时候，需要屏住呼吸，然后再深深地吐出来，直到自己感觉已经做好准备可以接纳挑战和质疑的声音。

凡成功者都会谨记：我们可以根据一个人在什么情况下动脾气来测定这个人的度量和成就究竟有多大。

4. 先听为上

当你将情绪放在一边时，先倾听"反对者"的声音。要让你的"反对者"有说话的机会，让他们把话说完，不要抗拒、防护或辩解；否则，只会增加彼此沟通的障碍，破坏团队共同前进的气氛。努力建立了解的桥梁，就是以开放的倾听为首要的态度。只有真正的听到了对方的声音，才能帮助彼此达成一致。

5. 寻找你同意的地方

在你听完不同意见后，你首先要认真地想出你同意的地方。这将有助于帮你了解到：对方并非真正要去阻碍事件本身的发展，而只是表达他自己的不同看法，他用他的不同意见来协助你离真相更近。

6. 对待自己要诚实

如果你听完"反对者"的意见后，你觉得自己似乎在某些观点上的确有欠缺之处，这时要坦诚地表达，为你的不恰当之处表示抱歉。这有助于解除"反对者"的武装和防卫。能真正赢得尊重的人并非是一直正确的人，而是在犯错时勇于承认的人。

7. 向那些对你提出不同意见的人表示真正的感谢

做到这一点，需要胸襟和气度。正因为这一点非常难以做到，因此就显得尤为可贵。真正的感谢一定是出自内心真实的感受，而非表面的敷衍和讨好。

其实，任何肯花时间表达不同意见的人，必然和你一样，对同一件事情感到关心。当你想到这一点，你大概会从心底感受到他们是正在帮助你的人，是你的朋友，而不是"敌人"。

8. 延缓采取行动，让意见不同者彼此都有时间可以把问题考虑清楚

不可否认，不是每一位提出不同意见者都是基于事件本身。可能有人的本意就是要攻击你，或是要表现他的重要性。但不管出于何种原因，不同的意见都必然有它的价值。

"把反对者的声音听成是对自己的支持。"拥有这一观念的我们，就会在聆听他人不同意见的同时，帮助自己拓展更多的可能性，并让我们学会如何以建设性的态度来处理与他人的关系，在自我保护和自我发展的同时，避免攻击和伤害他

人,承认并尊重他人自我保存和发展的权利!

(二)如何与领导沟通

与领导的相处是一门很深的学问。正确地处理你与老板之间的关系,将会使你的工作压力迎刃而解。一名员工,几乎每天都要与老板接触。因而,如何能够受器重,以便产生对自己有利的后果,这是每一个职员都关心的问题,也都想能够得到一个最佳答案。"怎样才能和他们相处?"这个问题似乎难以回答。但是,也不是毫无线索和脉络可循。

你的工作只有得到上司的肯定才能转换为有效工作。能否得到上司的赏识,一方面取决于你的工作能力和为人处世的方式,另一方面也在于你是否能适应你的上司。你只有了解上司的性格和做人做事的风格之后,采取与之相宜的方式方法,你才有可能赢得上司的支持。

1. 了解上司的个性

了解上司的个性,你将会更好地把握他的情绪,理解他的价值观,并按他的期望去做事。如果你的上司是个注重细节的人,你就要在细微之处下功夫,让他对你的细致入微印象深刻;如果你的上司实干又拼命,那你只能多干活、多出汗,别无选择;如果你的上司是个专权的人,你就必须将工作进程的每个环节都及时向他汇报……顺着上司的个性做事,你才容易得到上司的认同。

(1)正面、直接识老板

① 办公室洞悉法:老板的办公桌上的办公用品放置得整整齐齐、有条不紊,这种老板可能看重形式,墨守成规,害怕新事物,缺乏革新精神。而办公桌较为凌乱的老板,可能多半是注重结果的人,无论员工多么努力,只要成绩不出色,便很难得到他的青睐。

② 仪表、举止识个性:西装笔挺、皮鞋锃亮的老板,领带会打得一丝不苟。这种老板,多半严肃、不苟言笑,对工作极端认真努力,而且不能容忍员工的失误。而穿着夹克、牛仔裤、旅游鞋的老板,往往注重工作的内容和结果,相处起来要轻松一些。

③ 走路姿态显个性:有的老板,走路疾步如飞,频率和步幅都很大、很快,这种老板多半性急,追求效率,容易产生焦虑情绪。而走路不急不慢的老板,稳健庄重,这种老板多是稳重而理智,有驾驭大场面的能力,具备领导才能,可以

临危不惧。

（2）间接、侧面识老板

① 先对老板所欣赏的员工进行观察，再找出他们身上值得老板欣赏的特质进行分析、归纳、学习。仁者见仁，智者见智；从而得知老板的价值取向，至少会了解一些老板的"口味"。

② 你必须对老板反感的员工或被老板炒鱿鱼的员工多加关注。老板为什么会反感他？从而就能得知前车之鉴是什么。失败者所走过的路就是自己的镜子，千万不要步人后尘，白白断送前程。

③ 你可以从普通员工对他的评价中，也可略知老板的一些情况；特别是从一些老员工的评价中，多少能看出一些东西。当然，不能为了观察而观察，那样会无法切中核心。

2. 积极表现

在现代这个人才济济的社会，一个人欲出人头地、成就一番事业，除了要有一身真本事外，不断地推销自己，向人们展示你的才华，无疑是一种走向成功的捷径。找准一个适当的平台，才能实现所谓自我利益的最大化。所以，如果你真的拥有陈年好酒而不巧把酒馆开在深巷，你不妨大声吆喝一下来招揽顾客；如果你真的是一块金子而暂时被什么东西掩住了光彩，你一定要设法让自己发出光来。

如何表现自我？以下几个争取表现机会的方法可供参考。

（1）勇于主动接受新任务

当老板面临一个棘手的难题时，你一定要慎重对待，因为这是一个表现自身才能的绝佳机会。如果觉得自己有能力拿下来，一定要毫不客气地争取。不要等老板来安排你去做，这样的话，即使做好了，也是你分内之事，显得很被动。最好在衡量工作难度后，毛遂自荐。

（2）不要过分谦虚

谦虚向来被认为是一种美德，但有些时候，过分的谦虚是要不得的。适当地显露自己，是让上司认识你的绝好机会，而过分的谦虚则会让你失去这种机会。因此，在工作中要学会适度地表现自己。

（3）保持最佳的工作状态

永远向老板展示自己精神百倍、激情万丈的形象，无论何时何地，都不要让老板发现你憔悴的眼神、蓬乱的头发、凌乱的衣物。即使加班后，也不要表现出疲惫的样子，以致让老板认为你的体力不能应付高强度工作。

（4）不断创新

创新创造奇迹。漂亮地完成一项工作，有不同的方法，你应该去尝试各种不同的方法，不要老是用一贯使用的方法来做。用经验去解决问题固然很好，但老板更喜欢有创造精神的人。

3. 服从命令

服从是员工的第一美德，也是员工日后取得成就的必备条件。现在很多企业要求员工一进企业就要接受种种培训，学习并且认同企业的经营理念和价值观念，遵守企业的各种规章制度。很多年轻员工认为这是多此一举，并且极不用心地参加这样的培训。这种观念是错误的。不要以为自己有多大的能耐，到一个新的企业，你就必须从零开始，服从于你的上司，服从于你的老板。

服从意识应该是所有员工都应该具备的。有了这种意识，员工才能挖掘自身潜能，才能创造辉煌的业绩。不要给自己找借口，不要推卸责任，上司要的是业绩，而不是你的解释。通过服从，你将对企业的经营理念和价值观念有一个深刻的认识。即便你在接受任务时还不具备成功的条件，你也要告诉你的上司自己能行，因为只有这样，你才能千方百计地去克服困难，为最后的成功创造条件。

4. 保持距离

几乎每个人都希望能给上司留下好的印象，有很多人认为只要和上司像朋友一样相处，自会于无声处柳暗花明；然而，这通常是个误区。虽然让上司全面地了解自己，是员工升职计划成功的关键。但是，无论什么时候，上司就是上司，即使上司和下属的关系很不一般，也不表示上司、下属之间没有距离。不要使关系过度紧密，以至卷入他的私人生活之中。过分亲密的关系容易使他感到互相平等，这是冒险的举动。因为不同寻常的关系会使上司过分地要求你，也会导致同事们的妒忌，可能还有人暗中与你作对。

（三）与同事的沟通

人若想在事业上获得成功，在工作中得心应手，就不得不深谙同事之间相处的学问。

人与人之间的合作是社会生存和发展的动力，也是个人实现自我价值和奋斗目标的前提。善于处理同事关系并赢得同事支持的人，总能使"芝麻开花"的俗语处处灵验；而自命清高，不屑或者根本不会与同事"周旋"的人，则免不了被动挨打、举步维艰。

1. 学会赞美

沉闷的办公室充满了文件和繁杂的公务，不知不觉中就会使人变得失去热情；当工作压力越来越大，就会变得烦躁，经常想些不愉快的事情，对能完成的简单工作也会觉得复杂和难度增大！这个时候，内心就会涌起一种渴望：渴望赞美和关心！

赞美能使我们的情绪平静，感受到被关爱的感觉。

2. 君子之交

公司无论大小，总是充满了明显的竞争和利益冲突，影响和干扰人与人之间的亲疏远近关系的因素实在是太多了。就算人的主观上有再好的希冀，也难以避免矛盾和裂痕的产生，即使是已经成为好朋友的两个人，在面临明显的利益冲突和竞争的时候，也常常会使感情陷入僵局。要避免这样的事情发生，一个有效的措施就是控制好与同事之间远近亲疏的关系，遵循"君子之交淡如水"的原则。

3. 团结合作

身处职场，单打独斗是行不通的。工作中，你必须与其他人携手合作，把大家的才华、技能、知识、专长等都集合起来，共同努力，才能使任务完成得更快、更好，你以及整个团队才能走得更高、更远，变得更强。

工作共进退，成功同分享，不仅能够使自己在拥有成就感的同时保持开心快乐，别人也会觉得你是一个具有高尚的人格魅力的人。

4. 避免争执

同事之间因为经历、立场等方面的不同，对同一个问题，常常会产生差异极大的看法，以至于引发不同程度的争论，稍不小心就容易伤了同事之间的和气。所以，跟同事发生意见分歧时，第一是不能过分争论是非对错；第二是不要一味"以和为贵"、事事都讲求一团和气，哪怕涉及原则问题也不坚持、不争论，而是随波逐流，刻意掩盖矛盾。即使确实不能求得一致时，也不妨冷处理，明确表达"我难以同意你们的观点，我保留我的意见"，使争论逐渐淡化，同时又保持自己的立场和态度。

（四）与下属的沟通

在一个群体中，任何人都希望被人接受、尊重并得到赏识，只要他能从你那里得到这些美好的东西，他就会感受到你的友善，你也会因此受到他的欢迎。

领导者与被领导者之间有一种特殊的人际关系，领导者要实现其领导功能，除了依赖其权力性影响力和自身的品格、知识、才能等非权力性影响力外，更重要的是能被下属接受、欢迎。这是因为前者是相对稳定的，不易在短时期内改变，因而，上司和下属的关系就成了左右领导者影响力大小、能否有效激发下属工作动机的最大变量。

1. 赞同下属

对下属适时适度地赞同是一种领导艺术，是不需要成本的激励手段。

赞同有两层含义：一是认同，二是赞美。人总是把认同自己的人当作知己，即所谓"士为知己者死"，被下属作为知己的领导者同时必定是群体中的精神领袖。赞美更是任何人都希望得到的精神享受，不论能力强弱，也不论职位高低，下属都希望听到上司的赞美。

在工作中，下属能否得到上司的赞同以及赞同的程度如何，往往是其衡量自身价值的尺度。获得领导的赞同，下属就会感到自己是重要的，有价值的，从而产生更强的敬业感和责任感。

一般来说，赞美下属有以下技巧：

（1）要根据员工的特点，讲适合对方的话。如果员工是年龄较大、资格较老的，领导赞美他经验丰富、几十年如一日的兢兢业业工作，他就非常爱听；对大学刚毕业的小伙子，表扬他有创造性、有魄力比较合适。

（2）充分考虑赞美对其他员工的影响。为给员工以积极的导向，一般来说，赞美都是公开进行的，这时候要注意在赞美一个员工不要无意伤害其他员工，不要激起其他员工与被赞美者对抗。在表扬中尊重客观事实，尽可能多地引用受表扬者的有关实例与数据，用事实来化解某些人的消极逆反心理；不就事论事，善于抓住事情的精神实质，富于哲理，给人以启迪；也不任意拔高，故弄玄虚。

2. 赏识下属

在企业管理中，赏识员工，像故事中的妈妈赏识她的孩子一样，通过赏识来调动员工的工作积极性，是一种很好的激励员工的方法。

赏识比赞同具有更深刻的内涵，赞同是对过去行为的肯定，而赏识包含着上司由对下属人格、工作能力等的了解和信任而生发的对下属的无限期望，期望下属有更出色的表现，承担更有挑战性的工作，负更多的责任，这无疑会对下属产生极大的激励作用。

上司的赏识就是一种期待，期待下属做出怎样的行为；如果这种期待能让下属清晰地感觉到，下属就会努力实现上司的期待。

3. 信任下属

与下属建立良好的信任关系，是企业领导试图达到的一种理想的用人状态。所谓"用人不疑，疑人不用"，讲的就是这个道理。

一些领导之所以紧抓权力不放，其中一个重要的原因就是不信任下属，怕下属把事情办砸了。因此，领导放权的一个前提就是信任。没有信任，上下级之间很难沟通，很难把一件事处理好，这样领导用起人来就很困难，甚至受到阻碍。

信任员工——要做到这一点，必须"用人不疑，疑人不用"，也就是说，必须是在可以信任的基础上用人，否则可以坚决弃而不用。

（五）与客户的沟通

现在，各公司已经对关系营销越来越重视，"客户就是上帝"已经成为共识，但一些市场人员还是经常忽略关系营销中的关系要素。如果客户拒绝你，说明他可能根本不需要你的服务，或者不喜欢你，或者已经与别人建立了联系，不想再耗费精力与时间。不管我们是通过代理商或分销商还是直接与客户沟通，下面的四条将会帮助我们保持与客户良好的沟通与交流。

1. 找出客户对我们的产品或服务的真实感觉

仔细研究客户反馈和以往的市场调查报告，并与公司内负责客户服务的部门联系，注意每一条特别是反面批评的意见。虽然那些反面的、批评的意见会让人很不快乐，但我们将会从那些我们不愿看到的材料中知道用户为什么不满意，并且在以后的发展中将这些因素去除。与客户打交道应该诚实守信，有时单面宣传不如双面宣传更容易让顾客接受。

2. 客户首先购买的是优质的服务

对你的客户热忱服务是业务员的本分。无论是发自内心的微笑，还是热情的打招呼、礼貌的问候，都会对客户产生巨大的影响。

3. 要切合客户的实际情况与其讨论他们的具体需求

如果先听一听客户的声音，真诚地与他们沟通，交换双方的观点，就可以与客户建立真正的、真诚的关系。要全神贯注于客户的需求，并从与客户的沟通交流中学习。要站在顾客的角度，用心倾听，理解对方的需要，用商量的口气，帮助顾客分析各种不同类型的产品，让客户自己选择、决策，尽最大可能满足顾客的要求。

4. 了解和把握客户购买的原动力，巧妙地影响顾客

有些经理和市场人员会在与客户交谈的过程中，有目的地用请教式提问，把握顾客的真正需求和购买原动力，找出促使他们购买的因素，然后告诉顾客他们的产品能够满足顾客的需求，从而既服务顾客，又赢得顾客的心，还提高了自己的业绩。

★活动与体验

活动一　商店打烊

请根据下面这个简短故事回答后面的12个问题。

一个商人刚关上店里的灯，一男子来到店堂并索要钱款。店主打开收银机，收银机的东西被倒了出来，而那个男子逃走了。一位警察很快接到报案。

请仔细阅读下列有关故事的提问，并在"√"、"×"和"？"（不确定）三者中选出你认为正确的答案。

（1）店主将店堂内的灯关掉后，一男子到达。

（2）抢劫者是一男子。

（3）来的那个男子没有索要钱款。

（4）打开收银机的那个男子是店主。
（5）店主倒出收银机的东西后逃离。
（6）故事里提到收银机，但没有说里面具体有多少钱。
（7）抢劫者向店主索要钱款。
（8）索要钱款的男子倒出收银机的东西后，急忙离开。
（9）抢劫者打开了收银机。
（10）店堂关灯后，一男子来了。
（11）抢劫者没有把钱随身带走。
（12）故事涉及3个人物：店主、一个索要钱款的男子以及一个警察。

活动二　两个猎人

有甲乙两个猎人，有一天他们都打了两只野兔回家。甲的妻子见后冷冷地说："就打到两只吗？"甲猎人听了，心中不悦："你以为很容易打到吗？"第二天，甲照常去打猎，但他故意空手而回，让妻子知道打猎是不容易的事。乙猎人遇到的情形恰好相反，他的妻子看见他带回两只野兔，就欢天喜地地说："哇，你竟然打了两只！"乙猎人心中大喜，洋洋自得地说："两只算什么！"第二天，乙照常去打猎，这次打回来了四只野兔。

（1）甲乙两个猎人的妻子在沟通中有什么区别？
（2）你认为真诚赞美会给生活带来什么变化？
（3）要怎么赞美他人才能恰到好处？
（4）你认为沟通中还有哪些比较重要的技巧？

活动三　戴高帽

目标：学会欣赏别人，增强个人自信心。

准备：

（1）必须说优点。
（2）要诚恳，体验被赞扬、发现别人优点、欣赏别人等感受。

过程：

（1）围圈坐。
（2）请一位成员坐或站在中央，向大家介绍自己的姓名、个性、爱好等。
（3）其他人轮流根据自己对该成员的了解及观察说出其优点及值得欣赏之处，然后被欣赏的成员说出哪些是自己以前觉察到的、哪些是没觉察到的。

(4)请成员谈谈被赞美的感受。

★职场实训

【案例1】

张军是一位行政主管。有一次,行政总监在全厂大会上宣布:"工装、工牌的整齐是企业形象的外在标志,从明天起,上班时间不穿工装、不戴工牌的员工,一律处以罚款并通报批评。"他还指定张军负责这项规定的监督检查。

第二天检查时,张军发现有六七个没有戴工牌的主管,其中就有张军的顶头上司行政总监。没有办法,张军写了一份罚款通知请总监过目,他当时正在忙着与老板说话,草草地看了一眼说:"哦,还有我啊!罚就罚吧。"接着张军将罚款通知送交财务科,又将罚款通报贴在了大门口的公告栏内。谁知,不一会儿,行政总监把张军叫了过去,怒气冲冲地指着张军说:"小伙子,你想和我过不去啊,不想上班了?"张军知道自己闯了祸,忙解释说:"您亲自宣布的规定,您不带头执行,这规定不是白定了吗?"行政总监也自知理亏,便说:"罚款就算了,为什么还把我的名字公布出去?"张军理直气壮地说:"这是您说要公布的啊!"总监这时暴跳如雷,拍着桌子说:"我不戴工牌,你提醒我一下让我戴上不就行了,干吗让我这么没面子?"张军不知从哪儿来的胆子,反驳道:"提醒你?一个人裤子掉了,如果他是我儿子,我可以提醒他甚至帮他提裤子都行!对于你,我认为我没有那个义务。"说完,张军甩门离去。第二天,张军就被炒掉了,这真是"小不忍则乱大谋"啊!

(1)本案例中,张军的做法对不对?

_____
_____

(2)分析以上案例人物的做法是对是错。如果是你,你该怎么做?

_____
_____

【案例2】

李春生了一场病，不得不请假住院半个月。但让他牵挂、焦虑的是谈了半个月就要成功的项目恐怕要前功尽弃了。半个月后回公司上班时，得知同事小刘已经帮他把那份合同谈好、签下了，而业绩还算在李春头上。李春高兴坏了，向小刘道谢。小刘笑笑说："没什么，举手之劳而已，你都谈得差不多了，我就履行了一个签字的程序而已，怎么说这个项目还是你的功劳大，到时候发了奖金别忘了请客就行了。"李春高兴地说："没问题……"

请分析：下面案例人物的做法是对是错？如果是你，你该怎么做？

★拓展测试

沟通风格测试

测试

1. 当你与他人说话时，你喜欢怎么做？

    A. 一针见血

    B. 只告知我想要别人知道的部分

    C. 侃侃而谈

    D. 事无巨细，面面俱到

2. 有时你可能会有以下哪种表现？

    A. 粗心

    B. 过于严厉决断事情

    C. 延迟给别人判断事情

    D. 对事很主观

3. 你的说话内容导向大部分是什么样的？

    A. 友善性

    B. 精确性

    C. 合作性

D. 结论性

4. 有时你被人这样指责：

   A. 过于假设性

   B. 没有倾听他人谈话

   C. 拖延

   D. 多嘴

5. 当你与他人在讨论时他们知道你在想什么？

   A. 知道我渴望事实真相

   B. 知道我不喜欢意外惊喜

   C. 知道我的立场

   D. 知道我的热忱

6. 你喜欢的沟通方式是什么样的？

   A. 正面性的

   B. 逻辑性的

   C. 直接性的

   D. 冷静性的

7. 你喜欢的沟通方式是什么样的？

   A. 启发性的

   B. 乐观性的

   C. 诚恳性的

   D. 主控性的

8. 你不喜欢的谈话方式是什么样的？

   A. 制造压力

   B. 不合作的

   C. 不接受我的观点

   D. 我无法控制场面的

9. 当你做什么的时候感觉最好？

   A. 倾听他人说话

   B. 遵照规定行事

   C. 指挥他人

   D. 顺畅及平静

10. 在与他人沟通时你最大的弱点是什么？

    A. 要求细节

    B. 反应太快

    C. 渴望成为焦点人物

    D. 说话前未做足够准备

11. 大多数与你共事的人认为你是什么样的人？

    A. 友善的

    B. 谨慎的

    C. 接受改变的

    D. 诚恳的

12. 你最大的希望是什么？

    A. 与他人相处

    B. 预留时间调整变化的环境

    C. 被激动

    D. 清楚的指示及评估

13. 沟通的基本观念是什么？

    A. 与他人合作

    B. 从他人身上得到力量

    C. 说服他人

    D. 事事在控制之下

14. 当你与人面对面沟通时，你希望怎么样？

    A. 尽量简短甚至不需要

    B. 夸大本意

    C. 照本宣科

    D. 长篇大论

15. 在什么样的环境下工作更能凸显你的功能？

    A. 自由的

    B. 有工作伙伴的

    C. 组织性的

    D. 愉快的

16. 给予你最大激励的谈话带给你的是什么？

　　A. 挑战

　　B. 安慰

　　C. 友谊

　　D. 肯定

17. 当你四周的朋友遇到压力时，你告诉他们什么？

　　A. 正面的信息

　　B. 如何面对压力

　　C. 随情况而改变

　　D. 保持冷静

18. 与他人交谈中你最大特点是什么？

　　A. 有良知的

　　B. 外向的

　　C. 果断力的

　　D. 愿意倾听他人谈话

测试说明

（1）计分方法：

计算每一行的分数，你的选择与该类型有一个相同的就得1分，计算出总分，填入合计栏。

类型	1	2	3	4	5	6	7	8	9	10	11	12	13	14	15	16	17	18	合计
你的选择																			
果断型	A	A	D	B	C	C	A	D	C	B	C	D	B	A	A	A	B	C	
表现型	B	D	A	D	D	A	B	C	B	D	A	A	C	B	B	D	A	B	
平易型	C	B	C	C	B	D	C	B	A	C	D	B	A	C	D	C	D	D	
思维型	D	C	B	A	A	B	D	A	D	A	B	C	D	D	C	B	C	A	

（2）结果解释：

得分越高，说明你的沟通类型就是偏向这种类型，如果四种类型的得分相近，说明你的沟通风格特点不明显。需要强调的是在沟通中，重要的不是你个人的沟通风格，你要更关注你身边人的沟通风格。我们用动物来表示这四种沟通风格：果断型（老虎）、表现型（孔雀）、平易型（绵羊）、思维型（猫头鹰）。

① 果断型沟通风格：独立、坦率、果断、讲求效率，要求沟通对象具有专业水准与深度。与之沟通的有效行为：首先刺探其想法，提供各种方案供其选择，投其所好，趁其不备，给出新点子——利益驱动。与之沟通的无效行为：直接反驳，使用结论性语言。与之沟通最忌讳的行为：为了辩护去防御、去争吵。

② 表现型沟通风格：外向、热忱、说服力、有情趣、率真，充满自信和表现欲望，若要取得成功，首先做一个好观众或听众。与之沟通的有效行为：引导、少说多听、热情、支持肯定。与之沟通的无效行为：强加、打断（插话）、冷静（冷漠）、反对。

③ 平易型沟通风格：合作、支持他人、擅长外交、有耐心、忠诚，不愿做出决策，希望他人助其一臂之力。与之沟通的有效行为：了解内心世界，多谈主题内容，多提封闭式问题，以自己的观点影响他。与之沟通的无效行为：少用开放式问题，不要增加主观意识（压力太大，令人退却），避免跟此人的思路走。

④ 思维型沟通风格：推理、一丝不苟、严肃、按部就班、谨小慎微，把握不准时间，不敢承担风险，要求专业水准。与之沟通的有效行为：资料齐全，举证充分，逻辑性强，数字观念强，引导其分析方向，表达准确，内容突出，鼓励或激励其尽快做出决定。与之沟通的无效行为：空谈——海阔天空，打情骂俏，任其方向偏离，过分要求其迅速决策，流于外表轻浮。

模块六　职场团队

★案例探析

曾有人问牧师："天堂和地狱有什么区别？"牧师说："我带你去看看，你就明白了。"于是，这个人跟着牧师来到了魔鬼掌管的地狱。使这个人意外的是，地狱里金碧辉煌、美轮美奂，大厅里摆满了山珍海味，应有尽有。可让他吃惊的是，在如此豪华奢侈的环境中，所有的人都面如土色、表情呆滞、无精打采，而且瘦得皮包骨头。原来，地狱里的每个人都左手拿着一把叉，右手拿着一把刀，刀和叉都有4尺多长的把手。因为把手太长，所以即使佳肴在他们手边，他们还是吃不到，只有忍饥受饿，痛苦不已。

接着他又去天堂，陈设完全一样，每个人同样都持有很长把手的刀叉。但在这里不同的是，人们开怀畅饮、喜笑颜开，过着富足美满的生活。原来这里的人在用自己的刀和叉挑起食物，送进了对面人的口中，而自己也同样被对面的人喂养。

天堂和地狱的物质差别并不大，但生活在地狱里的人却痛苦不堪。怎样才能享受天堂的天伦之乐呢？

这个故事告诉我们，只有善于协作，每个人都有利他的意识，每个人才能过上天堂般的生活。一根筷子轻轻被折断，十根筷子牢牢抱成团。协作可以使我们相互学习、相得益彰，产生1+1大于2的整体效应。这是一种天堂里才有的效应。

请同学们思考

（1）说一说：为什么在一个组织中不能有个人英雄主义的主观意识？

（2）想一想：反思一下自己是否有团队意识。

★认知与理解

一、团队基本理论

我们走上工作岗位后,不可能凭一己之力就能完成庞大而复杂的任务。在工作当中,最重要的就是讲究团队合作精神以及与人共事的能力。谁都不可能是一座孤岛,一个人要取得成功,就必须学会与别人一起工作。

合作应从自身做起,在合作中多看别人的优点,不要把目光放在别人的缺点上。在集体工作中争取主动,在与自己共事的员工中寻找积极的而不是消极的品质,对别人保持足够的谦逊,在别人的行为值得赞赏时应向其表示崇敬。

正如我国古代人所云:"千人同心,则得千人之力;万人异心,则无一人之用。"意思是说,如果一千个人同心同德,就可以发挥超过一千人的力量;但若一万个人离心离德,恐怕也比不上一个人的力量。

(一)团队的含义

1994年,美国圣迭戈大学管理学教授斯蒂芬·罗宾斯首次提出了"团队"的概念。他认为团队是为了实现某一目标而由相互协作的个体组成的正式群体。随后,"团队"的概念被广泛使用,一些西方学者从不同方面强调了团队的不同含义。有人从协作的角度认为团队是"由个人组成的群体,其中每个成员都拥有共同目的,并且他们的工作和技巧能协调一致"。也有学者认为团队是两人或者两人以上组成的集合,成员为了促成共同的和有价值的目标,动态地、相互依赖地和适应性地互动,每个成员具有各自的角色、职能和有限地参与期间。此外,也有学者认为团队是"用于完成既定目标而构建的一个人际关系的集合"。

团队是为完成某一特定工作而相互协作的集合体。从组织的角度看,团队的设计是一个平衡的过程。这个平衡不是指团队里每个人的特质相似或相同,恰恰相反,团队通过这种平衡,来淘汰一些具有相似或相同性格、能力的人。团队的理想状态是:团队中的每个人既能满足特定需要而又不与其他的角色重复。这样,个体劣势可以为其他人的优势所弥补。团队中的每个人被称为团队的构成因素,它们都承担特定的团队角色。团队之所以需要你,是因为你身上具有可以弥补其他团队成员不足的特质。

（二）团队的构成要素

相传佛教创始人释迦牟尼曾问他的弟子："一滴水怎样才能不干涸？"弟子们面面相觑，无法回答。释迦牟尼说："把它放到大海里去。"的确，一个人即使尽善尽美，也不过就是一滴水，而一个优秀的团队则是大海。个人的力量是微不足道的，但我们可以通过团队实现个人无力完成的目标。但是，团队不是单个人的简单相加，而是对所有团队成员的有机整合。这种"有机整合"可以表现为团队的构成要素、团队成员相互补充的角色、团队精神、团队成员的工作态度等方面。"要素"是指必不可少的条件。一般认为，团队的构成有5个条件，称为"5P"要素。

1. 目标（Purpose）

团队不可能没有目标，恰恰相反，团队的产生往往是为了实现一个既定的目标。目标可以为团队成员导航，指引前进的方向；没有目标，团队就没有存在的意义。

团队失去目标，团队成员就不知道去何处，其结果必然影响团队存在的价值。团队的目标应该和组织的目标一致。此外，还可以把大目标分解成小目标，大家合力实现大目标。

2. 人（People）

人是构成团队最核心的力量。两个（包括两个）以上的人就可以构成团队。目标是通过人员具体实现的，所以人员的选择是团队中最为重要的部分。

一个团队中可能需要有人出主意，有人订计划，有人实施，有人负责协调，有人监督工作进展、评价团队最终的贡献。因此，在人员选择方面，要考虑人员的能力、技能是否互补，人员的经验等方面是否合宜。需要特别指出的是，虽然对最佳团队的人数规模没有明确规定，但一般认为不要超过12人。

3. 定位（Place）

团队的定位包含两层意思：一是团队整体的定位，即：团队在企业中处于什么位置，由谁选择和决定团队的成员，团队应对谁负责，采取什么方式激励下属。二是个体的定位，即：团队成员在团队中扮演的角色。

4. 权限（Power）

团队当中领导人的权力大小跟团队的发展阶段相关。一般来说，团队越成熟，领导者的权力相应越小，在团队发展初期，领导权相对比较集中。

团队权限关系两个方面：一是整个团队在组织中的决定权，如财务决定权、人事决定权、信息决定权。二是组织的基本特征，如组织的规模多大、团队的数量是否足够多、组织对于团队的授权有多大、它的业务是什么类型等。

5. 计划（Plan）

计划有两层含义。一是为了确保目标的实现，需要一系列具体的行动方案，可以把计划理解成实现目标的程序。二是按计划进行可以保证团队进度的有序。

（三）团队角色理论

1. 团队角色理论的提出

剑桥大学的贝尔宾（Belbin）博士和他的同事经过多年的研究与实践，在1981年出版了《团队管理：他们为什么成功或失败》(*Management Teams: Why They Succeed or Fail*)，提出了团队角色理论。其基本思想是：高效的团队工作有赖于默契协作，没有完美的个人，但有完美的团队。因此，团队成员必须清楚自己和他人所扮演的角色，了解如何相互弥补不足、发挥优势。

团队角色理论认为一支结构合理的团队应该由八种角色组成。在此基础上，他又在1988年增加了"技术专家"的角色定位，从而形成了团队九角色模型。

2. 角色理论的主要内容

九种团队角色分别如下。

（1）执行者 IMP（Implementer）：

① 典型特征：保守，顺从，务实可靠。

② 积极特性：有组织能力、实践经验，工作勤奋，有自我约束力。

③ 弱点：保守，缺乏灵活性，出现新机遇时反应慢。

④ 在团队中的作用：

A. 把谈话与建议转换为实际步骤。

B. 考虑什么行得通或行不通。

C. 整理建议，使之与已经取得一致意见的计划和已有的系统相配合。

（2）协调者 CO（Coordinator）：

① 典型特征：沉着、自信，有控制局面的能力。

② 积极特性：对各种意见不带偏见地兼容并蓄，看问题比较客观，视野宽阔。

③ 弱点：智能和创造力一般。

④ 在团队中的作用：

A．明确团队的目标和方向。

B．选择需要决策的问题并明确先后顺序。

C．帮助确定团队中的角色分工、责任和工作界限，总结团队的感受和成就。

（3）塑造者 SH（shaper）：

① 典型特征：思维敏捷、性格开朗，主动探索。

② 积极特性：有干劲，随时准备向传统、低效率、自满自足挑战。

③ 弱点：容易引起争端，爱冲动，易急躁。

④ 在团队中的作用：

A．制订计划和方案并付诸行动。

B．能将压力变为动力。

C．是团队的推进者和火车头。

（4）智多星 PL（Planter）：

① 典型特征：有个性，思想深刻，不拘一格。

② 积极特性：才华横溢、智慧超群，富有创造力和想象力、知识面广。

③ 弱点：高高在上，人际沟通技巧欠佳，难以接受批评；不重细节，不拘礼节。

④ 在团队中的作用：

A．是新思想的源泉，善于解决棘手问题。

B．对已经形成的行动方案提出新的建议。

（5）调查者 RI（Resouree Investigator）：

① 典型特征：性格外向、热情、好奇、充满活力、联系广泛、消息灵通。

② 积极特性：有广泛联系人的能力；不断探索新的事物，勇于迎接新的挑战。

③ 弱点："三分钟"热情，新鲜感过后，容易失去兴趣。

④ 在团队中的作用：

A．是对外建立联系的最好人选。

B．善于与持不同观点的成员进行沟通。

C．善于发现新机会，为团队提供新思想。

（6）监督评估员 ME（Monitor Evaluator）：

① 典型特征：清醒，理智，谨慎。

② 积极特性：判断力强，分辨力强，讲求实际。

③ 弱点：缺乏热情和想象力，缺乏激发他人的能力，自己也不易被别人激发。

④ 在团队中的作用：

A．对方案进行利弊分析，确保决策的均衡，避免团队误入歧途。

B．对繁杂的材料予以简化，并澄清模糊不清的问题。

C．对他人的判断和作用做出评价。

（7）协作者 TW（Team Worker）：

① 典型特征：擅长人际交往，温和敏感，善解人意。

② 积极特性：有适应周围环境以及人的能力，能促进团队的合作。

③ 弱点：在关键和危急时刻常常优柔寡断，易受他人影响。

④ 在团队中的作用：

A．是团队内部信息的积极沟通者。

B．是团队的黏合剂，防止和消除由执行者、塑造者和专家引起的矛盾与摩擦。

（8）完成者 CF（Completer Finisher）：

① 典型特征：勤奋有序，认真负责。

② 积极特性：追求完美。

③ 弱点：常常拘泥于细节，不喜欢授权；缺少耐心，易焦虑。

④ 在团队中的作用：

A．强调任务的目标要求和活动日程，维护工作秩序。

B．善于寻找错误和遗漏。

C．刺激那些漫不经心的成员，使其产生时间紧迫感。

（9）专家 SP（Specialist）：

① 典型特征：专心致志，全心投入。

② 积极特性：能够提供稀缺的专门知识和技能。

③ 弱点：只对本领域的信息感兴趣，具有局限性；沉迷于个人专门兴趣。

④ 在团队中的作用：解决技术问题，提供专业意见。

3．团队角色类型在实践中给我们的启示

应该说，角色理论虽然也有一定的局限性，但它仍不失为一种认识团队角色的有益的理论。在实际应用中，以下方面值得注意。

（1）角色齐全。唯有角色齐全，才能实现功能齐全。正如贝尔宾博士所说的那样，用他的理论不能断言某个群体一定会成功，但可以预测某个群体一定会失败。所以，一个成功的团队首先应该是各种角色综合平衡的团队。

（2）容人短处，用人所长。知人善任是每一个管理者都应具备的基本素质。在实践中，真正成功的管理者，对下属人员的秉性特征都了解得十分透彻。团队中的每一个角色都有优缺点共存的特征，团队领导要善于用人之长、容人之短。

只要团队领导是设法发挥团队成员各自的优点，一个由不完美的成员组成并发挥了各自优点的团队就完全有可能是一个高绩效的团队。

（3）尊重差异，实现互补。对于一份既定的任务，完全合乎标准的理想人选几乎不存在，没有人能满足我们所有的要求。每个人的角色特征都具有长期养成的过程，不能断言哪一种角色类型绝对好或绝对不好，应该接受人与人不同的事实，并尊重他人的不同。事实上，也正是这种异质性和多样性，才是团队形成的基础，并使团队生机勃勃、充满活力。作为团队成员，我们在学会尊重其他成员的同时，需要善于和他们合作，并学会把自己的不足控制在可以被他人接受的范围之内。

（4）增强弹性，主动补位。从一般意义上讲，要组建一支成功的团队，必须在团队成员中形成集体决策、相互负责、民主管理、自我督导的氛围，这是团队区别于传统组织及一般群体的关键所在。除此之外，从团队角色理论的角度出发，还应特别注重培养团队成员的主动补位意识——当一个团队在上述9种团队角色出现欠缺时，其成员应在条件许可的情况下，能够增强弹性，主动实现团队角色的转换，使团队的结构从整体上趋于合理，以便更好地达成团队共同的绩效目标。事实上，由于多数人在个性、禀赋上存在着双重甚至多重性，也使这种团队角色的转换成为可能，这一点也为我们的测试结果及实践所证实。

（5）通过合作弥补不足。没有人十全十美，也没有人一无是处。只有合作才能弥补个体的不足，才可能创造出"完美"。迷失在大森林中的瞎子和瘸子的故事告诉我们，只有瞎子和瘸子合作（瞎子背瘸子；瘸子指路，瞎子走路）才有可能都走出森林，单独行动只能是死路一条。人性的弱点是，容易看到自己的优点和别人的缺点，而不容易发现自己的缺点和别人的优点。作为团队的管理者，要善于发现团队成员的优点，引导成员开展精诚合作。

二、团队精神

（一）什么是团队精神

所谓团队精神，就是团队成员为了整体利益和目标而表现出的协作精神和大局意识。通俗地说，团队精神反映的是一个人与别人合作的精神和能力。团队精神就是团队的成员为了团队的利益和目标而相互协作、尽心尽力的意愿和作风，是将个体利益与整体利益相统一从而实现组织高效率运作的理想工作状态，是高绩效团队中的灵魂，是成功团队中不可缺少的特质。团队精神的形成并不必然要求团队成员牺牲自我，恰恰相反，正是挥洒个性、发扬特长保证了成员能够共同完成既定目标。团队精神是组织文化的一部分，良好的管理可以通过适当的组织形态实现人职匹配，充分发挥集体的潜能。如果没有正确的管理文化和良好的从业心态，就不会有团队精神。

（二）团队精神的主要内容

团队精神主要包含以下三个层面的内容。

1. 团队的凝聚力

团队精神首先表现为团队强烈的归属感和步调协调一致，每个团队成员都能强烈意识到并感受到自己是团队中的一个分子，把个人工作和团队目标紧密联系在一起，对团队表现出忠诚和热爱，对团队的业绩充满荣誉感，对团队取得的成功无比骄傲，对团队的困境深表忧虑。同时，当个人目标和团队目标基本一致的时候，团队凝聚力才能更深刻地体现出来。

2. 团队的全局和合作意识

首先要有团队精神。团队精神就是团队的成员为了团队的利益和目标而相互协作、尽心尽力的意愿和作风，是将个体利益与整体利益相统一从而实现组织高效率运作的理想工作状态，是高绩效团队中的灵魂，是成功团队中不可缺少的特质。团队精神培训重在协调为达成共同目标而努力工作的不同个人之间的合作。各个成员之间必须分享信息，因个人的行为将会影响到群体的整体绩效的情况。

3. 团队互助进取的士气

一个好的团队并不是说每一份子各方面能力都特别棒，而是能够很好地借物使力，取团队其他成员的长处来补自己的短处，也把自己的长处优点分享给大家，互相学习交流，共同进步。团队协作是一种智慧，发挥团队力量便是管理者的用人艺术。成功青睐于那些懂得如何将人们团结起来、利用创造性和多样化思维创造奇迹的人。这种理念隐含在合作的力量当中，并已成为一种艺术。

故事启迪

"曾经有一匹马和一头驴在一起工作,一次外出,主人在安排任务时给了驴更多的货物,而只给马安排了一点。路上,驴感觉到不堪重负,就和马说:'能不能将我驮的货物分你一点?这点对你来说并不算什么,但对我却可以减轻很多负担。'马听后非常不屑:'凭什么,你的货物干吗让我来驮?'不久,驴因为超负荷累死了,主人便将原来驴驮的货物全部加在了马背上,马顿时感到不堪重负,这才想起驴的话,懊悔不已。"

(三)团队精神的培养

1. 有明确的奋斗目标

目标就像航海中的指南针,指引着团队的学习、工作方向。目标明确,我们的学习、工作才有动力,才不会盲目。目标是激励,大家在实现目标的过程中成长,在实现目标的过程中建设团队。现在管理界流行的猎狗与兔子的故事正阐释这一点。一条猎狗将兔子赶出了窝,一直追赶它,追了很久没有抓到。一个牧羊人看到此种情景停下来,讥笑猎狗说:"你们两个之间小的反而跑快很多"。猎狗回答说:"你们不知道我们两个的跑是完全不同的!我仅仅为了一餐饭而跑,而它却为了性命而跑呀。"这个故事揭示:兔子与猎狗做一样的事情,都在拼命地跑,然而,它们的目标是不一致的,其目标不一致,导致其动力也会不一样。团队中不同角色由于地位和看问题的角度不同,对工作的目标和期望值会有很大的区别,这是一点也不奇怪的事情。好的团队领导者善于捕捉成员间不同的心态,理解他们的需要,帮助他们树立共同的奋斗目标,心往一处想,劲往一处使,努力形成合力。为此,作为团队领导者需要明确以下几个问题:第一,是否有导向明确、科学合理的目标?第二,是否已把目标、战略、观念融入每个团队员头脑中,成为团队成员的共识?第三,如何对目标进行分解,使每个部门、每一个人都知道自己所应承担的责任和应做出的贡献?成功的团队目标明确,经常和领导核心保持良好的沟通,并接近领导核心的目标,团队的业绩目标植根于团队的战略与远景。团队需要了解远景及其与自己团队目标的关系,也需要激励与鞭策。如果没有这些措施作为动力,团队组织只会流于形式。

2. 有成熟的领导核心

一个团队一定需要精英。在销售界有二八原理，即20%的精英产生80%的业绩。团队必须有精英的支撑和引领才能迅速成长。一个优秀的团队是一个协调的整体，而不是一群人的机械组合。它和群体是不同的，一个真正的团队会围绕共同目标努力奋斗，其成员之间的行为相互依存、相互影响，并且能很好地合作，以追求集体的成功。团队领导者由于其地位和责任而被赋予一定的权利，但仅凭权力发号施令以权压人，是形不成凝聚力的，而重要的是要靠其威望、影响力令人心服，才会形成一股魅力和吸引力。这种威望，一方面取决于领导者的人格、品德和思想修养；另一方面取决于领导者的知识、经验、胆略、才干和能力状况。除此之外，还取决于领导者是否严于律己、率先垂范、以身作则，能否全身心投入事业，取决于领导者是否公平、公正待人，与团队成员同甘共苦、同舟共济等等。

3. 有科学的管理模式

在一个全球化的竞争环境中，技术、市场与规则的变化之快远远超过了以往任何时候。若想能对外部环境的变化及时做出反应和调整，就必须一改传统的等级式管理，实施原则式管理，使组织结构扁平化。团队最终追求的是整体的合力、凝聚力和最佳的整体效益，所以必须树立以大局为重的全局观念，不斤斤计较个人利益和局部利益，自觉地为增强团队整体效益做出贡献。成员之间在不断地进行着互动和交流，从而对他们创造业绩的能力产生巨大影响。在一个高效团队中，不同的成员发挥着不同的作用：领导者指明方向，追随者实施完成，反对者进行纠正，旁观者则提出全面看法。有的团队效率不高正是由于这些不同角色没有均衡地发挥作用。

4. 有健康的成员心态

团队成员务必有一种积极、进取、开放的心态。积极意味着成员要热衷于团队的活动。进取表现为个体渴望完善的知识结构、能力的培养；渴望激烈的碰撞与讨论，发现并努力克服性格弱点；渴望广交朋友、提升发展空间。开放则有两方面的含义，即开放地面对其他成员和开放自己内心世界。

5. 有严格的组织纪律

一个团队要想健康发展、稳步提高，必须要建立一个公平、公开、公正的环境，大家讲原则、有责任、守纪律。其基础就是制度，也就是大家都必须要遵守的行为准则。建立一整套科学的制度，使管理工作和人的行为制度化、规范化、程序化，是工作协调有序、高效运行的重要保证，若没有有效的制度和规范，就会出现无序和混乱，就不会产生井然有序、纪律严明、凝聚力很强的团队。领导对于团队成员，要做到支持但不娇惯，帮助但不纵容，用制度来规范约束大家的行为。团队中矛盾是客观存在的，主要是看对待矛盾的态度和处理问题的方法。矛盾得不到有效的解决，团队成员心里是不会平衡的，团队是不会和谐的。"没有规矩，不成方圆"，有了制度，团队成员都知道怎么做了，知道应该做什么了，能有效制止个体的惰性，激发个体的积极性，结果自然事半功倍。我们需要的团队应该具备的特点是：目标明确、结构合理、积极进取、和谐互助、敬业求精、高效创新。

故事启迪

《左传》记载：孙武去见吴王阖闾，与他谈论带兵打仗之事，说得头头是道。吴王心想，纸上谈兵管什么用，让我来考考他。便出了个难题，让孙武替他操练姬妃宫女。孙武挑选了一百个宫女，让吴王的两个宠姬担任队长。

孙武将列队操练的要领讲得清清楚楚，但正式喊口令时，这些女人笑作一堆、乱作一团，谁也不听他的。孙武再次讲解了要领，并要两个队长以身作则。但他一喊口令，宫女们还是满不在乎，两个当队长的宠姬更是笑弯了腰。孙武严厉地说道：这里是演武场，不是王宫；你们现在是军人，不是宫女；我的口令就是军令，不是玩笑。你们不按口令操练，两个队长带头不听指挥，这就是公然违反军法，理当斩首！说完，便叫武士将两个宠姬杀了。

场上顿时肃静，宫女们吓得谁也不敢出声，当孙武再喊口令时，她们步调整齐，动作划一，真正成了训练有素的军人。孙武派人请吴王来检阅，吴王正为失去两个宠姬而惋惜，没有心思来看宫女操练，只是派人告诉孙武：先生的带兵之道我已领教，由你指挥的军队一定纪律严明，能打胜仗。孙武没有说什么废话，而是从立信出发，换得了军纪森严、令出必行的效果。

★活动与体验

活动一　背靠背

游戏规则：

（1）将学员分成若干组，每组5～10人。

（2）各组先派出两名学员，背靠背坐在地上。

（3）两人双臂相互交叉，合力使双方同时起立。

（4）以此类推，每组每次增加一人，如果失败再来一次，直到成功才可再加一人。

（5）组织者选出人数最多并且用时最少的一组为优胜。

讨论：

（1）你能仅靠一个人的力量就完成起立的动作吗？

（2）如果参加游戏的队员能够保持动作协调一致，这个任务是不是更容易完成？

（3）是否想过一些办法来保证队员之间的动作协调一致？

活动二　同心鼓

游戏规则：

（1）要求我们在保证安全的情况下，尽可能多地创造更多的颠球记录。

（2）每人牵拉一根鼓上的绳子，如果人多绳子少可以轮流替换，如果人少绳多可以让某些学员牵拉两根。

（3）颠球时学员必须握住把手。

（4）颠球开始后鼓不得触地，球飞离鼓面后，不得将鼓摔落在地上，放下要慢。

（5）每组学员的最低纪录不应少于 N 个，一般颠球的数量和练习的时间分钟数相同，如练习40分钟要求不低于40个。

（6）球颠起的高度不低于鼓面20厘米，否则此球不计数。

（7）颠球过程中注意安全，培训师叫停时必须停止；因场地原因停止，可以据情况决定是否累加。

活动三　解手链

形式：10人一组为最佳，必须是偶数。

时间：20分钟。

适用对象：全体人员。

活动目的：让学员体会在解决团队问题方面都有什么步骤，聆听沟通的重要性以及团队的合作精神。

游戏规则：

（1）10人一组站成一个向心圈。

（2）教师口令：

先举起你的左右手交叉放在胸前。举起你的右手，握住对面那个人的手；再举起你的左手，握住另外一个人的手。现在，你们面对一个错综复杂的问题：在不松开的情况下，想办法把这张乱网解开。

（3）一定可以解开，但答案会有两种：一种是一个大圈，另外一种是两个套着的环。

讨论：

（1）你在开始的感觉怎样，是否思路很混乱？

（2）当解开了一点以后，你的想法是否发生了变化？

（3）最后问题得到了解决，你是不是很开心？

（4）在这个过程中，你学到了什么？

★职场实训

【案例1】

公司的苗苗女士和同事艳芳说，明天早晨一定要早到公司一会儿，因为明天的早会非常重要，所以我们也要早到，提前把音乐放好，让每一个人的情绪达到最佳状态，帮助每一个人在明天早晨有一个很好的积极的情绪，让大家产生一个很好的绩效。苗苗就是一等人，因为她为公司早会创造了一个很好的环境。那艳芳呢？艳芳是二等人，她表示支持，共同把这个环境营造出来。同事阿丽说："哎呀算了，我觉得一大清早为什么去那么早啊，难道公司就我们去那么早吗？我明天不想早来上班。"阿丽就是三等人。每个人都应思考你在团体中是创造环境、相随环境，还是在抱怨环境。

（1）如果你的团队中有抱怨环境的三等人存在，你如何帮助他进行改变，使你的团队整体得到提升？

【案例2】

西方哲人说，一匹马如果没有另一匹马紧紧追赶，就永远不会飞奔。

查尔斯·施瓦布是美国著名企业家。他属下的一个工厂的工人总是完不成定额。换了好几任厂长，也没有效果。施瓦布决定亲自处理这件事。他问厂长："你这么有能力的人为什么也不能把工厂搞出个样子？""我不知道。"厂长答道，"我劝过工人们，骂过他们，还以开除他们相威胁，但全然于事无补。他们仍然完不成自己的定额。""那么，你领我到厂里看看吧！"施瓦布说。这时，正是白班工人要下班、夜班工人要接班的时候。

来到工厂后，施瓦布问一个工人："你们今天一共炼了几炉钢？""6炉。"这个工人答道。施瓦布在一块小黑板上写了一个"6"字，然后就回去了。夜班工人上班了，看到黑板上出现一个"6"字，十分好奇，忙问门卫是什么意思。"施瓦布今天来过这里，他问白班工人炼了多少炉钢，知道是6炉后，他就在黑板上写了这个数字。"门卫说。

第二天早晨，施瓦布又来到工厂，特意看了看黑板，看到夜班工人把"6"换成了"7"，十分满意地离开了。白班工人第二天早晨上班时都看到了"7"。一位爱激动的工人大声叫道："这意思是说夜班工人比我们强，我们要让他们看看并不是那么回事！"当他们晚上交班时，黑板上出现了巨大的"10"字。

就这样，两班工人竞争起来，这个落后工厂的产品很快超过了其他工厂。

请讨论：这个故事给我们什么启示？

★拓展测试

团队角色测评表

指导语：对下列问题的回答，可能在不同程度上描绘了你的行为。每题有8个选项，请将总分10分分配给每题的8个选项。分配的原则是：最能体现你行为的选项得分最高，以此类推。最极端的情况也可能是10分全部分配给其中的某一选项。然后，根据你的实际情况把分数填入后面的表5中。

1. 我认为我能为团队做出的贡献是：

    A. 我能很快地发现并把握住新的机遇

    B. 我能与各种类型的人一起合作共事

    C. 我生来就爱出主意

    D. 我的能力在于，一旦发现某些对实现集体目标很有价值的人，我就及时把他们推荐出来

    E. 我能把事情办成，这主要靠我个人的实力

    F. 如果最终能导致有益的结果，我愿面对暂时的冷遇

    G. 我通常能意识到什么是现实的、什么是可能的

    H. 在选择行动方案时，我能不带倾向性、也不带偏见地提出一个合理的替代方案

2. 在团队中，我可能有的弱点是：

    A. 如果会议没有得到很好的组织、控制和主持，我会感到不痛快

    B. 我容易对那些有高见而又没有发表出来的人表现得过于宽容

    C. 只要集体在讨论新的观点，我总是说得太多

    D. 我的客观做法使我很难与同事们打成一片

    E. 在一定要把事情办成的情况下，我有时使人感到特别强硬以致专断

    F. 可能由于我过分重视集体的气氛，我发现自己很难与众不同

    G. 我容易陷入突发的想象之中，而忘了正在进行的事情

    H. 我的同事认为我过分注意细节，总有不必要的担心，怕把事情搞糟

3. 当我与其他人共同进行一项工作时：

    A. 我具有在不施加任何压力的情况下去影响其他人的能力

    B. 我随时注意防止粗心和工作中的疏忽

    C. 我愿意施加压力以换取行动，确保会议不是在浪费时间或离题太远

    D. 在提出独到见解方面我是出类拔萃的

    E. 对于与大家共同利益有关的积极建议我总是乐于支持

    F. 我热衷于寻求最新的思想和新的发展

    G. 我相信我的判断能力有助于做出正确的决策

    H. 我能使人放心的是，对那些最基本的工作我都能组织得井井有条

4. 我在工作团队中的特征是：

    A. 我有兴趣更多地了解我的同事

模块六 职场团队

  B. 我经常向别人的见解进行挑战或坚持自己的意见

  C. 在辩论中，我通常能找到论据去推翻那些不甚有理的主张

  D. 我认为，只要计划开始执行，我有推动工作运转的才能

  E. 我有意避免使自己太突出或出人意料

  F. 对承担的任何工作，我都能做到尽善尽美

  G. 我乐于与工作团队以外的人进行联系

  H. 尽管我对所有的观点都感兴趣，但这并不影响我在必要的时候下决心

5. 在工作中，我得到满足，因为：

  A. 我喜欢分析情况，权衡所有可能的选择

  B. 我对寻找解决问题的可行方案感兴趣

  C. 我感到，我在促进良好的工作关系

  D. 我能对决策有强烈的影响

  E. 我能适应那些有新意的人

  F. 我能使人们在某项必要的行动上达成一致意见

  G. 我感到我的身上有一种能使我全身心地投入到工作中去的气质

  H. 我很高兴能找到一块可以发挥我想象力的天地

6. 如果突然给我一件困难的工作，而且时间有限，人员不熟：

  A. 在有新方案之前，我宁愿先躲进角落，拟定出一个解脱困境的方案

  B. 我比较愿意与那些表现出积极态度的人一道工作

  C. 我会设想通过用人所长的方法来减轻工作负担

  D. 我天生的紧迫感将有助于我不会落在计划后面

  E. 我认为我能保持头脑冷静、富有条理地思考问题

  F. 尽管困难重重，我也能保证对目标始终如一

  G. 如果集体工作没有进展，我会采取积极措施去加以推动

  H. 我愿意展开广泛的讨论，意在激发新思想，推动工作

7. 对于那些在团队工作中或与周围人共事时所遇到的问题：

  A. 我很容易对那些阻碍前进的人表现出不耐烦

  B. 别人可能批评我太重分析而缺少直觉

  C. 我有做好工作的愿望，能确保工作的持续进展

  D. 我常常容易产生厌烦感，需要一两个有激情的人使我振作起来

  E. 如果目标不明确，让我起步是很困难的

F. 对于我遇到的复杂问题，我有时不善于加以解释和澄清
G. 对于那些我不能做的事，我有意识地求助于他人
H. 当我与真正的对立面发生冲突时，我没有把握使对方理解我的观点

表5 自我评价分析

大题号	RI	CW	ME	CO	TW	SH	FI	PL
一	G	D	F	C	A	H	B	E
二	A	B	E	G	C	D	F	H
三	H	A	C	D	F	G	E	B
四	D	H	B	E	G	C	A	F
五	B	F	D	H	E	A	C	G
六	F	C	G	A	H	E	B	D
七	E	G	A	F	D	B	H	C
总计								

一般来说，5分以下表示你不能去承担这个角色，15分以上表示你特别适合于这个角色。如果10分以上的角色有好几项，说明了你的潜能。

模块七　职场适应

★案例探析

　　小芳大学是在大连念的，大四时，她比同学们都幸运些，通过自己的努力和老师的推荐，她成功地留校工作。"当时我很高兴，别的同学都在为工作的事烦恼，我就已经找到了工作，没有什么压力。"到现在为止，她在学校工作了两年，但却没有了当初的快乐。记者得知，小芳属于合同员工，每个月的工资也就3000元左右，但学校给小芳提供宿舍，免去了租房的费用。在其他人眼里，这样的工作挺好的，但小芳却不这样想。

　　"我是个恋家的人，我爸妈在沈阳，男朋友在大连，自己在这个二线城市生活还是有些不习惯。"她说，每天都在学校里生活，感觉自己被封锁在了这里，有些压抑，总在想自己会不会总是待在这个校园里，与世隔绝了。这次来到沈阳找工作，小芳说她的目的很简单，主要就是想找一个工资合理、地点在沈阳的工作。一上午，她投了几家有意向的公司："我专业学的是政治，招聘会上比较难找到需要这个专业的工作，我的期待工资在4000元左右，刚才也投了几家比较有意向的公司。"小芳说，她的妈妈想让自己去银行上班，说女孩子在银行上班有面子，工作也稳定，可是小芳却不喜欢。"我还是想通过自己的能力找到工作，毕竟我有工作经验。"小芳最后说，如果一个月内没有找到理想的工作，她可能会选择去银行。

　　原联想集团人力资源部人力招聘主管、万学教育ACT职业能力授课名师潘家宁老师认为，学校和社会是有差距的，其运行规则和社会的运行规则有很大不同。这种环境的隔离往往使得"象牙塔"里的大学生对社会的看法趋于简单化、片面化和理想化。一些企业对应届毕业生表示出冷淡，其中一个重要原因就是刚毕业的大学生缺乏工作经历与生活经验，角色转换慢，适应过程长，他们在挑选和录用大学毕业生时，同等条件下，往往优先考虑那些曾经参加过社会实践、有一定组织管理能力的毕业生。这就需要大学生在就业前就注重培养自身适应社会、融入社会的能力。

请同学们思考

（1）想一想：上述资料说明企业怎么看待当前大学生社会适应能力？

（2）说一说：你认为提高大学生社会适应能力的途径有哪些？

（3）议一议：资料中提到企业优先考虑有社会实践经历的毕业生，你如何看待这种现象？

★认知与理解

一、适应与转换角色

适应，在心理学和生理学上指感觉适应，即个体的感受器官在持续刺激作用下所产生的感受性的提高或降低的变化。适应能力是指个体与环境在适应过程中所表现出来的状态与和谐程度。社会适应能力便是个体在社会生活中与环境达到某个层次关系所表现出来的个性特征，它是一种根据社会生活中的变化及时反馈、随机应变地进行调节的能力。

每年都有数百万的大学毕业生要跨出校门、走上社会，他们中很多人都会面临同一个问题——面对新的环境，感到无所适从。这就需要我们首先明确学生角色与职业角色的区别，正确认识即将担当的职业角色。

（一）角色认知

1. 学生角色与职业角色的区别

认知学生角色与职业角色的区别，是顺利实现角色转换的前提。那么，学生角色与职业角色有哪些区别呢？

首先，学生角色与职业角色的社会责任不同。学生角色的社会责任是努力学习，德、智、体全面发展，掌握好为人民服务的本领，整个角色过程是一个接受教育、储备知识、锻炼和培养能力的过程。而职业角色的社会责任是以其特定的身份去履行本职工作，努力做好本职工作，为社会做出贡献。同时，这两种职责履行的结果也是有区别的，学生角色职责履行得如何，主要关系到本人知识掌握的多少及能力培养的程度，但职业角色履行得如何，既影响社会，又影响个人及单位的声誉、经济效益等。

其次，学生角色与职业角色的行为模式不同。学生角色的行为模式就是努力学习、尊敬老师、团结同学、遵守纪律、培养能力。职业角色的行为模式就是以特定的身份，履行自身的职责。例如，医生的行为模式就是以医生的特定身份，给人看病、治病、救死扶伤。

最后，学生角色与职业角色的社会权利不同。社会赋予角色的权利就是角色依法享受的权益。学生角色的权利主要是依法接受教育，并取得经济生活的保证或资助；职业角色的权利则是依法行使职权、开展工作，并在履行义务的同时取得相应的报酬。

总之，学生角色与职业角色的不同在于：一个是接受教育，掌握本领，接受经济供给和资助，逐步完善自己的过程；一个是用自己所掌握的本领，通过具体工作为社会付出，独立作业，具有一定的权利和义务，以自己行为承担责任的过程。

2. 确立职业角色意识

对于今后所要担当的职业角色，我们应当确立哪些角色意识呢？

（1）成为一名自食其力的劳动者。在生活上应当从由父母养育、资助转变为自食其力，减轻父母经济负担。

（2）成为一名财富的创造者。亲人的哺育、老师的教诲、国家的培养，如今到了得到"回报"的时候，应当用自己的知识、才干，为国家、为社会创造物质财富和精神财富。

（3）成为一名自立、自强的成年人。走出家庭对子女照顾过多、满足过多、包办过多、禁止过多的误区，开始独立思考问题、独立做出选择。是非善恶的分辨、专业知识的运用、为人处世的艺术、权衡利弊的能力都要靠自己在实践中去探索运用。

（4）成为一名有责任感的"社会人"。在校期间，大中专学生是在家长、老师的呵护下生活，专心致志学习，只是个"准社会人"。一跨入社会，就成为一名肩负着某种具体工作责任的人，应该注意自己的言行，承担相应的社会责任。

（二）做好角色转换的准备

为了顺利实现角色转换，毕业生在就业前必须做好以下几个方面的准备工作。

1. 在校期间就要为适应社会、实现角色转换做好准备

角色转换的真正实现是在学生毕业走上社会、亲身参加社会实践以后。在学校期间，学生永远不会形成完美的职业准备状态。但是，一个学生在校期间若能对此有所认识，并寻找各种机会进行有关这方面的训练（如积极参加各种社会活动、锻炼自己社会活动能力和社会交往能力等），毕业后的角色转换就会加速实现。

2. 积极主动地理解自己将从事的职业角色

有了对职业角色的主动理解，在就业时才能努力地从精神上和行动上完全地进入新角色。这就要求毕业生要了解即将从事的职业的传统和现状，了解人们对自己所承担的职业角色的期望、限制和要求，弄清自己所承担的角色在工作单位运行过程中的地位、作用及同其他工作的联系，深入感受自己承担的角色，并根据承担角色的性质、地位、作用及人们的期望去领悟新角色，并把自己的领悟化为自身的觉悟，运用所学的知识，积极创造各种有利条件去实践新角色，进入新角色，完成角色转换。

3. 有健全的心理准备

有健全的心理准备，才能主动克服各种惧怕心理，以苦干实干的态度尽快实现角色转换。毕业生走上工作岗位后，除了少数人曾经直接或间接接触过实际工作部门，心理上有一定准备外，大部分同学属于初次踏入实际工作部门，交往的对象、生活的环境、行为的规范等都发生了根本性变化。因而一些同学会产生如下惧怕心理：一是怕做不好工作，让人讥笑；二是怕吃苦受累，对工作尤其是基层艰苦工作产生恐惧心理；三是怕领导不重用，同事不帮助。这些惧怕心理成了角色转换的重大阻力。只有克服这些恐惧心理，放下架子，虚心向社会学习、向身边的人学习，深入到实际工作当中去，不怕吃苦、不计较个人得失，努力承担岗位责任，主动适应环境，才能更好、更快地完成角色转换。

二、大学生适应能力现状

大学生告别了中学时代，迈进大学的校门，人生翻开了新的一页，人生的道路也跨入新的阶段。适应今天的大学新生活和新环境，是适应未来职业生涯的基

础。大学生必须正确面对、尽快适应。

（一）适应人际变化

和中学相比，大学生的人际交往类型以及交往的对象都发生了相当大变化，要根据新的变化调整自己，尽快适应。

1. 与同学的交往

一方面，入学初期，大多数学生是直接从中学校园走进大学校园的，社会阅历浅，思想单纯，相互之间能够自然地产生纯朴的"同窗"情谊，并容易形成友好的同学关系；但是，随着交往和了解的深入，同学之间不同的地域出身、家庭背景、个性特点、生活习惯甚至不同的方言都有可能成为继续交往的障碍。

另一方面，大学生在学习、课余活动等方面的激烈竞争中，往往夹杂着利益冲突，容易对相互间原本正常的交往造成影响，有些人甚至因此而开始逃避与周围同学的交往。但是，大学生应该认识到，自己远离了家人的呵护，需要独立地生活，许多人际交往不再是可有可无的，也不再是任性的、随意的。

在大学校园里，很多新生都热衷于找老乡，与籍贯相同或相近的老乡进行交往，成为大学生交往中不可或缺的一种交往特征。共同的乡音、俚语、饮食习惯很容易使不同专业、不同年级甚至不同学校的大学生们联系起来。大家一起交流大学生活经验、减轻心理震荡、获得情感共鸣、摆脱暂时的孤独和对家乡的思念，这是好的一面；但是，只热衷于老乡关系，那是有失偏颇的大学交往方式。

2. 与老师的交往

大学生在校接触最多的老师就是自己的辅导员、班主任。他们与学生的关系平等，会像朋友一样与同学们交流思想或促膝谈心，有时还会直接参与到班级组织的各项文体活动之中。

任课教师一般情况下是上课来、下课走，只在授课时间与同学们有接触，因而通常是单纯的教学关系，但任课教师要面对不同班级的同学（数量多，时间短，流动性大）。由于大学生自主意识不断增强，往往对教师的授课质量有更高的希望和要求，经常会从内心对教师的教学内容、方法、工作态度进行评价，更愿意与授课水平较高、教学态度较好的老师进行接触，并由衷地敬佩甚至崇拜一些任课老师，这是积极的做法，有利于自己的在校成长。管理育人的行政人员、服务育人的学校其他工作人员也是大学生经常要面对的人际交往对象，如宿舍、教学楼、食堂、图书馆等处的管理人员。这些交往的顺利进行也有利于大学生的在校生活。大学生要在自觉遵守相应规章制度的基础上与他们进行良性互动；否则，大学生的行为就会受到批评和制约。

3. 与父母的交往

大多数的大学生进入大学以后都会觉得自己长大了，并有意识地、积极地调整心态来适应自己成长的需要。他们能体谅父母对自己思念的心情，能通过书信或电话及时、主动地和父母加强思想感情的交流，向父母汇报自己的学习生活情况。此时，与父母的交往也与以前有所不同。

随着自己的长大，有的同学很能体谅父母的辛苦，进入大学后就开始勤工俭学，经济上逐步独立，这不仅减轻了家里的负担，甚至有时还能给家里一定的帮助；很多父母可以从中感到欣慰：孩子长大了、懂事了。相反，也有一部分同学过去对父母依赖性很强，现在则会非常想家、想父母，电话天天打是不用说的，而且还可能经常抽空或逃课回家，甚至有的还想到了退学。他们就像长不大的孩子，自己的情绪也常常影响到父母，让父母牵肠挂肚，是一种很不成熟的表现。也有少数同学随着自己知识的增加，和父母越来越没有共同语言，因而不再经常与父母联系，只有在缺钱的时候才想起父母。

4. 社会交往

大学阶段对人际交往提出了更高的要求。在就业压力日益增大的今天，大学生要想在激烈的竞争中脱颖而出、找到理想的工作，较强的社会交往能力是必不可少的条件。扩大社会交往的方式多种多样，如加入学生社团、参加社会公益活动、勤工助学等积极健康的社会实践活动，都是扩大社会交往面的途径。通过各种社会交往活动，大学生既可以增加对社会的了解，也可以扩大交往的范围，还能够提高自己独立生活的本领。

大学生正处于知识和阅历都不足的人生阶段，非常需要从各个方面汲取能量，和各个层面的人进行交往是实现这一目的的最佳方式。大学生应该在各种社会交往中积极培养自己的亲和力，掌握与不同类型、不同层次人交往的技巧和方法，为自己营造一个和谐的人际环境；同时，大学生思想单纯、阅历不深，考虑到社会的复杂性，必须要有自我保护意识，谨慎交往，以免上当受骗，给自己带来不必要损失。

5. 网络交往

网络给交往所带来的变化是有目共睹的，并已成为一种重要的新型人际交往方式，也是社会交往的延伸。上大学以前，大学生更多的时间都用于高考学习，相对来说，进行网络交往的实践活动并不是很多。但上大学以后，好多同学借助网络认识了更多的人。人们通过电子邮件、聊天工具、电子公告板等手段可以在虚拟世界里进行网络聊天、交友、游戏。

一般来说，网络人际交往对大学生来说具有双重效应。一方面，有的大学生通过网络交际结交了许多善友，获取了很多有价值的信息，开拓了思路，使自己受益匪浅；另一方面，有的大学生将虚拟当作现实，热衷于网络交际，过分地迷恋在网络上产的友谊或爱情，甚至幻想用这些虚拟的人际关系来取代现实的人际交往，这是网络交往中的不理智表现，长此下去，就会与周围的人没有共同语言，缺乏现实社会的沟通和人际交流，出现独处不安、情结低落、思维迟钝，并产生自我评低的现象。还有的大学生在进行网络交往中受到不良因素的影响，在网络空间里肆无忌惮地放纵自己的思想、言语和行为，丧失了基本的道德良知，对自己的成长危害很大。

（二）适应学习变化

进入大学，学习的内容形式和要求都发生了变化。同学们不仅要努力学习，而且要学会学习；不仅要掌握知识，而且要掌握获得知识的能力；不仅要在学业上不断进步，而且要在综合素质上不断提高。

1. 学习的自主性

自主学习是指学习者在确定学习目标、选择学习方法、监控学习过程、评价学习结果等方面进行自我设计、自我管理、自我调节、自我监控、自我判断、自我评价和自我转化的主动学习过程。对于高职高专的学生来说，他们有更多自由支配学习的时间，自主性很大程度上与个体的学习兴趣相联系。他们的学习情绪化较强，对感兴趣的学习内容、学习方式等有较高积极性，而对于自己不感兴趣的则效率较低。因此，增强学生对学习课程的兴趣是提高高职高专学生学习效率的重要方法。

2. 学习的多元化

对于高职高专的学生来说，课堂学习和书本学习仅仅是学习的一部分，更重要的在于实践能力的培养，因此，实习和实训成为学习的重要内容，是高职高专学生学习的一大特色。它具有较高层次的职业定向性，重在操作能力、创新能力的培养，旨在帮助学生围绕自己未来的工作岗位进行学习，掌握适合未来工作岗位要求的操作技能。学习的多元化特征带动了学习方式的多元化。比如，网络成为大学生学习的新途径；除学校正常教学途径外，学生可更多地借助于网络进行学习资源的共享、传播和接受。

3. 学习的合作性

斯坦福大学一位校长说过：同学之间的相互学习往往比老师的教导更珍贵。相较于以往阶段的学习，大学的学习除竞争外，更多的是合作性学习。对于高职高专的学生来说，实习和实训学习本就是其学习的一大特色，而实习实训更需要个体与其他同学的相互合作来实现。比如，一些复杂的精细化操作管理项目仅靠一个人的力量很难圆满完成，但借助团队合作的形式，在项目中集思广益、扬长避短，能取得意想不到的成绩。

4. 学习的探索性

大学学习尤其重视对学生探索未知领域能力的培养。因此，要重视探究知识的形成过程与科学的研究方法，搞清楚所学知识的来龙去脉，了解学科发展前沿、存在的问题及其解决的办法，明白相关理论产生的背景、过程、适用范围和局限性等。高职高专院校加大课堂外实践课程的比例，注重对学生实践环节的培养，并且在课程设置、安排等方面强调学生的主体地位，挖掘学生在实践中的潜力，旨在提高学生的探索和创新能力。

三、提升适应能力

（一）增强职业意识

雷恩·吉尔森说："一个人花在影响自己未来命运的工作选择上的精力，竟比花在购买穿了一年就会扔掉的衣服上的心思要少得多，这是一件多么奇怪的事情，尤其是当他未来的幸福和富足要全部依赖于这份工作时。"很多高中毕业生在跨进大学校门之时就认为已经完成了学习任务，可以在大学里尽情地"享受"了。这正是他们在就业时感到压力的根源。清华大学的樊富珉教授认为，中国有69%~80%的大学生对未来的职业没有规划，就业时容易感到压力。中国社会调查所最近完成的一项在校大学生心理健康状况调查显示，75%的大学生认为压力主要来源于社会就业；50%的大学生对于自己毕业后的发展前途感到迷茫没有目标；41.7%的大学生表示目前没考虑太多；只有8.3%的大学生对自己的未来有明确的目标并且充满信心。培养职业意识就是要对自己的未来有规划。因此，大学期间，每个大学生应明确：我是一个什么样的人？我将来想做什么？我能做什么？环境能支持我做什么？着重解决这些问题，就要认识自己的个性特征，包括自己的气质、性格和能力，以及自己的个性倾向，包括兴趣、动机、需要、价值观等，据此来确定自己的个性是否与理想的职业相符，对自己的优势和不足有一个比较客观的认识，结合环境如市场需要、社会资源等确定自己的发展方向和行业选择范围，明确职业发展目标。

在大学教育中，实践教学是学生了解职业、了解自己与职业的适合度的最直接、最有效的途径。同学们可通过暑期社会实践、校内实训实习活动，在职业环境中，了解自己的职业前景，体会自己是否适合这一职业以及本职业的日常行为规范和职业技能要求，增强对职业的认同与热爱，完善自我，挖掘潜能，通过实训体验，自行调整，形成正确的职业意识。

（二）提升职业能力

职业能力是人们从事其职业的多种能力的综合。我们可以将职业能力定义为个体将所学的知识、技能和态度在特定的职业活动或情境中进行类化迁移与整合所形成的能完成一定职业任务的能力。职业能力主要包含三方面基本要素：

（1）为了胜任一种具体职业而必须要具备的能力，表现为任职资格。

（2）在步入职场之后表现的职业素质。

（3）开始职业生涯之后具备的职业生涯管理能力。

例如：一位教师只具有语言表达能力是不够的，还必须具有对教学的组织和管理能力，对教材的理解和使用能力，对教学问题和教学效果的分析、判断能力等，并且对学生进行有效积极的教育。这才是一个老师的职业能力。

在校期间，学生应以多元智能理论中的八个方面培养自身的能力。在20世纪80年代，哈佛大学认知心理学家加德纳提出了多元智能理论，他认为智能是人在特定情景中解决问题并有所创造的能力。他认为我们每个人都拥有八种主要智能：语言智能、逻辑—数理智能、空间智能、肢体运动智能、音乐智能、人际交往智能、内省智能、自然探索智能。这也是大学生未来职场中适应和发展自身职业生涯的前提和基础。

1. 语言智能

语言智能主要是指有效地运用口头语言及文字的能力，即指听说读写能力，表现为个人能够顺利而高效地利用语言描述事件、表达思想并与人交流的能力。这种智能在作家、演说家、记者、编辑、节目主持人、播音员、律师等职业上有更加突出的表现。

2. 逻辑—数理智能

从事与数字有关工作的人特别需要这种有效运用数字和推理的智能。他们学习时靠推理来进行思考，喜欢提出问题并进行实验以寻求答案，寻找事物的规律及逻辑顺序，对科学的新发展有兴趣，对可被测量、归类、分析的事物比较容易接受。

3. 空间智能

空间智能强调人对色彩、线条、形状、形式、空间及其之间关系的敏感性很高，感受、辨别、记忆、改变物体的空间关系并借此表达思想和情感的能力比较强，表现为对线条、形状、结构、色彩和空间关系的敏感以及通过平面图形和立体造型将他们表现出来的能力。能准确地感觉视觉空间，并把所知觉到的表现出来。这类人在学习时是用意象及图像来思考的。

空间智能可以划分为形象的空间智能和抽象的空间智能两种能力。形象的空间智能为画家的特长。抽象的空间智能为几何学家特长。建筑学家对形象和抽象的空间智能都擅长。

4. 肢体运动智能

它是指善于运用整个身体来表达想法和感觉以及运用双手灵巧地生产或改造事物的能力。这类人很难长时间坐着不动，喜欢动手建造东西，喜欢户外活动，与人谈话时常用手势或其他肢体语言。他们学习时是透过身体感觉来思考。

这种智能主要是指人调节身体运动及用巧妙的双手改变物体的技能。表现为能够较好地控制自己的身体，对事件能够做出恰当的身体反应以及善于利用身体语言来表达自己的思想。运动员、舞蹈家、外科医生、手艺人都有这种智能优势。

5. 音乐智能

音乐智能主要是指人敏感地感知音调、旋律、节奏和音色等能力，表现为个人对音乐节奏、音调、音色和旋律的敏感以及通过作曲、演奏和歌唱等表达音乐的能力。这种智能在作曲家、指挥家、歌唱家、乐师、乐器制作者、音乐评论家等人员那里都有出色的表现。

6. 人际交往智能

人际交往智能是指能够有效地理解别人及其关系、及与人交往的能力，包括四大要素。①组织能力，包括群体动员与协调能力。②协商能力，指仲裁与排解纷争能力。③分析能力，指能够敏锐察知他人的情感动向与想法，易与他人建立密切关系的能力。④人际联系，指对他人表现出关心、善体人意、适于团体合作的能力。

7. 内省智能

内省智能主要是指认识到自己的能力，正确把握自己的长处和短处，把握自己的情绪、意向、动机、欲望，对自己的生活有规划，能自尊、自律，会吸收他人的长处；会从各种回馈管道中了解自己的优劣，常静思以规划自己的人生目标，爱独处，以深入自我的方式来思考。喜欢独立工作，有自我选择的空间。这种智能优秀的政治家、哲学家、心理学家、教师等人员那里都有出色的表现。

内省智能可以划分两个长层次：事件层次和价值层次。事件层次的内省指向对于事件成败的总结。价值层次的内省将事件的成败和价值观联系起来自审。

8. 自然探索智能

它是指能认识植物、动物和其他自然环境（如云和石头）的能力。自然智能强的人在打猎、耕作、生物科学上的表现较为突出。自然探索智能应当进一步归结为探索智能，包括对于社会的探索和对于自然的探索两个方面。

（三）培养职业习惯

未来社会的教育前景是每一个人都处在终身学习的状态中。在这种社会中，结合正规学校、非正规教育机构及非正式教育环境的终身教育体系普遍存在。每个人都可以有第二次、第三次，甚至第四、第五次的学习机会。回流教育体系的建立使个人在工作一段时间后，有便捷的管道再回到学校接受教育。升学主义的枷锁及长年累月为升学准备的测验煎熬将离我们而去。人的一生是学习的一生。培养良好的职业习惯，对每个人一生的发展和提高具有重大意义。

故事启迪

1978年，75位诺贝尔奖的获奖者在巴黎会聚一堂，有位记者问一位科学家：您是从哪所大学或实验室里学到了自己认为最重要的东西。那位白发苍苍的科学家出人意料地说：是在幼儿园。记者很好奇，问科学家在幼儿园里学到了什么。科学家回答：把自己的东西分一半给小朋友们，不是自己的东西不能拿，东西要放整齐，饭前要洗手，午饭后要休息，做错了事要道歉，学习要多思考，要仔细观察大自然等等。

科学家浅显易懂的话里蕴含了深刻的道理——好的习惯让人受益终身。

职业习惯是人们在长期的工作实践中，经过环境的影响所形成的稳定的行为方式或行为倾向。良好的职业习惯一旦形成就具备了两个特性：一是稳定性，当我们养成一定的习惯之后，就会不自觉地实施，形成稳定的行为模式。二是长效性，职业习惯对我们的工作质量有着长期的、深远的、正面的影响，甚至可以决定一个人的事业能否成功。当然，如果你现在还没有养成良好的习惯，不要气馁，这是可以通过后天的努力，在工作中慢慢养成的。

1. 从业者应该养成的职业习惯

（1）持续创新

当今社会正面临着的一个非常严峻的现实是：如果你停滞不前，你就会失去自己的立足地；如果你满足现状，你就会丧失创新能力。创新是人类发展的主要源泉，也是我们事业进步的主要动力。

（2）勇于自制

具有高度的自制力是一种难得的良好职业习惯。对待工作的热情是促使从业者工作的原动力。在职业实践中，一个有能力管好别人的人不一定是一个好的领导者，只有那些有能力管好自己的人才能成功。

故事启迪

某地一家企业招聘，报酬丰厚。经过层层筛选，有三名应聘者最终参加总经理面试。三人在办公室等待总经理的面试，秘书进来说："总经理临时有点急事，让你们等他10分钟。"秘书走后，几个人在老板的办公室，东翻翻、西看看，觉得经理办公室挺有意思。10分钟后，总经理回来宣布："面试结束，很遗憾，你们都没有被录取。"三人倍感迷惑，面试不是还没开始吗？总经理说："刚才的10分钟就是面试。本公司不能录取随便翻阅领导人文件的人。"

（3）团队协作

我们走上工作岗位后，不可能凭一己之力就能完成庞大而复杂的任务。在工作当中，最重要的就是讲究团队合作精神以及与人共事的能力；谁都不可能是一座孤岛，一个人要取得成功，就必须学会与别人一起工作。

合作应从自身做起，在合作中多看别人的优点，不要把目光放在别人的缺点上。在集体合作中争取主动，在与自己共事的员工中，寻找积极的而不是消极的品质的人；对别人保持足够的谦逊，在别人的行为值得赞赏时应向其表示崇敬。

（4）积极工作

工作要积极主动。我们每天在用劳动创造一种价值，用这种价值来实现自己在社会上的作用，也用这种价值来衡量自己。如果我们不工作或者工作上有差错，其他人或者其他环节就要受到影响。我们在工作上的勤奋和努力可以换来领导的信任和赏识，他们会将更有挑战性的工作或更重要的工作交给我们，这也会使我们有更大的发展空间，有更多的机会来提高自己，实现自己的社会价值及人生价值。

海尔公司的管理中有一条"日事日毕，日清日高"的规定。案头文件急办的、缓办的或一般性材料的摆放都是有条有理、井然有序；临下班的时候，椅子都放得整整齐齐的。其实不论企业公司还是事业单位，也不论国企、外企还是民营单位，其各项管理制度都是严格制定并要求认真执行的，作为从业者，必须具有良好的职业习惯意识。

2. 习惯形成与改变的原理

在心理学上，任何的行为和思维只要不断地重复，它就会不断地加强，习惯正是通过不断重复形成的。习惯的养成有如纺纱，一开始只是一条细细的丝线，随着我们不断地重复相同的行为，就好像在原来那条丝线上不断缠上一条又一条丝线，最后它便成了一条粗绳，使我们的思想和行为变得非常牢固。

行为心理学研究表明：21天以上的重复会形成习惯，即同一个动作重复21天就会成为习惯性动作。90天的重复会形成稳定的习惯。同理，同一个想法重复21天，或者重复验证21次，就会变成习惯性想法。所以，一个观念如果被别人或是自己验证了21次以上，它一定已成为你的信念。塑造一个良好的习惯，大致有三个阶段。

（1）1~7天左右。这时的阶段特征是"刻意，不自然"，你需要十分刻意提醒自己改变，而你也会觉得有些不自然、不舒服，就如同我们刚才改变手指交叉的方式时的感觉，甚至更为不舒服。

（2）7~21天左右。不要放弃第一阶段的努力，继续重复，跨入第二阶段。此时的特征是"刻意，自然"，你已经觉得比较自然、比较舒服了，但一不留意，你还会回到从前。因此，你要时刻提醒自己改变。

（3）21~90天左右。这个阶段特征是"不经意，自然"，其实就是习惯，这是"习惯的稳定期"。一旦跨入这个阶段，你已经完成了自我改造，这项习惯成为你生命中的一个有机组成部分，它会自然而然地不停为你"效劳"。冰冻三尺，非一日之寒。

如果说习惯的形成不是那么容易，那么习惯的改变就更加困难了。在改变习惯的过程中，还会经历不断的反复，旧习惯一有机会就会蠢蠢欲动。一般说来，要改变原有习惯，需要以下几个条件。

3. 改变原有习惯需要的几个条件

（1）强烈的改变原有习惯的意愿。习惯有一种强大的自我维持的力量，要改变它需要付出巨大的努力，没有强烈的改变愿望，是不可能做到的。比如，一个有吸烟习惯的人只有了解到吸烟对健康巨大的危害，才有可能下决心戒烟。

（2）循序渐进的目标设置。很多时候习惯的改变难以一蹴而就，需要一个渐进的过程。例如，对于一个几十年烟龄的人来说，一下子戒掉是不现实的，因此只能循序渐进地不断减少吸烟的数量和频率，最后实现彻底戒烟。

（3）适当的外部监督与奖惩。有时光靠自我约束难以阻挡旧习惯的死灰复燃，这个时候适当地引入外部的监督、制定一些奖惩规则，就变得非常有必要。比如，想戒烟的人可以请家人、同事监督自己,并设定好惩罚措施,一旦违反就要坚决执行。

★活动与体验

活动一 思考与讨论

请对比"学校人"与"职业人"两种角色在以下几个方面的不同之处,完成表6:

表6 "学校人"与"职业人"角色的不同之处

	自身权利	社会责任	人际交往	评价标准	……
学校人					
职业人					

活动二 家族职业树

在下方的家族职业树上(图5),填写家人和亲戚的具体职业,并思考下面问题。

图5 家族职业树

请思考:

(1) 你的家族中的人从事最多的职业是什么?

(2) 你的家人的职业集中在什么领域(技术、管理、服务、研究、其他)?

(3) 你的家人希望你从事的职业是什么?

(4) 你绝不会考虑的职业是什么?

(5) 你感兴趣的职业是什么?

(6) 你觉得该行业或职业需要的能力和资格要求是什么?

活动三　习惯养成训练

(1) 寻找问题。你认为目前阻碍你进步的陋习有哪些?其中,你最想改变的是什么?

(2) 确立目标。你最终的期望目标是什么?

(3) 目标分解。把最终目标分解成几个阶段目标,并且设置好相应的期限(这个期限可以在今后的执行过程中根据实际情况进行必要调整)。一般说来,阶段目标的设立要遵循"循序渐进,小步快走"的原则。例如,某人想戒烟,现在每天抽一包烟,一下子戒掉是不现实的。可以设立几个阶段目标:1天半包烟,1天5支烟,1天3支烟,1天1支烟,2天1支烟,等等。

表7　影响力黄金表

阶段	期限	奖励	惩罚
一			
二			
三			
…			

(4) 奖惩措施。如果顺利完成(阶段)目标,要进行奖励;如果没有完成(阶段)目标,要进行惩罚。为了保证效果,奖惩最好由值得信赖的他人进行操作。

(5) 执行记录。把每天训练的执行结果记录在的"影响力黄金表"(表7)当中,并根据事先的设定进行奖励或惩罚。

★职场实训

【案例1】

南昌市筷子巷派出所民警接到报警,一名男乞丐躺在人行道上奄奄一息了。民警赶到现场后立即将男子送往医院治疗。在医院,民警意外发现,这名男子是中国政法大学的毕业生,名叫黄某,福建人。6月份从中国政法大学毕业后,黄某希望回福建找一份工作,结果因为出来得匆忙,手机忘了带,而且不小心买了前往南昌的火车票,来到南昌后,只剩几十元钱了。为了生存下来,到处找工作,但因为无法与人正面沟通,没找到工作。没有生活来源的黄某就在南昌流浪。因为天气炎热和食用了霉变食物,黄某倒在了路上,幸好有人发现报警。

请快速思考:

(1) 黄某,一个政法大学的毕业生,为什么会沦为乞丐?

_____

(2) 你认为当前大学生的适应社会能力差的表现有哪些?

_____

(3) 你通过哪些途径提高自己的社会适应能力?

_____

【案例2】

王东,40岁,是东夷公司的工程师,这几年过得顺风顺水、春风得意,是领导眼中的红人、同事们艳羡的对象。可是,最近他的危机感越来越重,感觉自己的知识与时代有所脱节,应对现在的工作没问题,但再提升一步让他做总工就难了。他很想脱产到某大学进修一年,但又担心单位领导不同意,也担心家人不同意。毕竟,人到中年,上有老下有小,不是说脱身就能脱身的。

聪明的你,替王东想想办法:

_____

★ 拓展测试

社会适应能力自我评估

1. 我最怕转学或转班级，每到一个新环境，我总要经过很长一段时间才能适应。

   A. 是

   B. 无法肯定

   C. 不是

2. 每到一个新的地方，我很容易同别人接近。

   A. 是

   B. 无法肯定

   C. 不是

3. 在陌生人面前，我常无话可说，以至于感到尴尬。

   A. 是

   B. 无法肯定

   C. 不是

4. 我最喜欢学习新知识或新学科，它给我一种新鲜感，能调动我的积极性。

   A. 是

   B. 无法肯定

   C. 不是

5. 到新地方，我第一天总是睡不好，就是在家里，只要换一张床，有时也会失眠。

   A. 是

   B. 无法肯定

   C. 不是

6. 不管生活条件有多大变化，我也能很快习惯。

   A. 是

   B. 无法肯定

   C. 不是

7. 越是人多的地方，我越感到紧张。

   A. 是

B. 无法肯定

C. 不是

8. 在正式比赛或考试时，我的成绩多半不会比平时练习差。

 A. 是

 B. 无法肯定

 C. 不是

9. 我最怕在班上发言，全班同学都看着我，心都快跳出来了。

 A. 是

 B. 无法肯定

 C. 不是

10. 即使有的同学对我有看法，我仍能同他（她）交往。

 A. 是

 B. 无法肯定

 C. 不是

11. 老师在场的时候，我做事情总有些不自在。

 A. 是

 B. 无法肯定

 C. 不是

12. 与同学、家人相处，我很少固执己见，乐于采纳别人的看法。

 A. 是

 B. 无法肯定

 C. 不是

13. 同别人争论时，我常常感到语塞，事后才想起该怎样反驳对方，可惜已经太迟了。

 A. 是

 B. 无法肯定

 C. 不是

14. 我对生活条件要求不高，即使生活条件很艰苦，我也能过得很愉快。

 A. 是

 B. 无法肯定

 C. 不是

15. 有时自己明明把课文背得滚瓜烂熟，可在课堂上背的时候，还是会出差错。

    A. 是

    B. 无法肯定

    C. 不是

16. 在决定胜负成败的关键时刻，我虽然很紧张，但总能很快使自己镇定下来。

    A. 是

    B. 无法肯定

    C. 不是

17. 我不喜欢的东西，不管怎么学也学不会。

    A. 是

    B. 无法肯定

    C. 不是

18. 在杂吵混乱的环境里，我仍然能集中精力学习，并且效率较高。

    A. 是

    B. 无法肯定

    C. 不是

19. 我不喜欢陌生人来家里做客，每逢这种情况，我就有意回避

    A. 是

    B. 无法肯定

    C. 不是

20. 我很喜欢参加社交活动，我感到这是交朋友的好机会。

    A. 是

    B. 无法肯定

    C. 不是

测试说明

（1）计分方法：

① 奇数题：选 A 得 -2 分，选 B 得 0 分，选 C 得 2 分。

② 偶数题：选 A 得 2 分，选 B 得 0 分，选 C 得 -2 分。

（2）合计总分数。

（3）结果解释：

① 35~40分：社会适应能力很强，能很快地适应新的学习、生活环境，与人交往轻松、大方，给人的印象极好，无论进入什么样的环境，都能应付自如、左右逢源。

② 29~34分：社会适应能力良好。

③ 17~28分：社会适应能力一般，当进入一个新环境，经过一段时间的努力，基本上能适应。

④ 6~16分：社会适应能力较差，依赖于较好的学习、生活环境，一旦遇到困难则怨天尤人，甚至消沉。

⑤ 5分以下：社会适应能力很差，在各种新环境中，即使经过一段相当长时间的努力，也不一定能够适应，常常因感到与周围事物格格不入而十分苦恼；在与他人的交往中，总是显得拘谨羞涩、手足无措。

模块八　职场创新

★ 案例探析

1937年竣工的金门大桥是世界著名的桥梁之一,是近代桥梁工程的一项奇迹,也被认为是旧金山的象征。金门大桥的北端连接北加利福尼亚,南端连接旧金山半岛,大桥雄峙于宽1900多米的金门海峡之上。但是,意想不到的是,金门大桥建成之后经常堵车。管理部门花了数千万美元征集解决方案。结果,中奖的方案简单得出乎意料。

一位年轻的加拿大人提出建议:不需再建第二座大桥,只需将现有"4+4"的八车道模式按不同时段调整为"6+2"或"2+6"模式。原因在于,车流量并非人们想象那样是均匀的,高峰时往往是半幅路面高负荷拥堵,半幅路面空闲。当局采纳了此建议,节省了再建金门二桥上亿元的费用。

金门大桥堵塞问题的解决在于成功运用了组合创新的思维方式——通过充分发掘和利用现有资源,科学合理进行重组,产生大于原有资源组合的高效益。有人对1990年以来全世界480项重大科技成果进行统计分析,发现组合式成果占65%。

从以上案例我们知道,只要我们打破妨碍创新的思维障碍,创新并不难。

这些影响创新的思维障碍通常有:

(1) 习惯思维定势,是指过去的思维影响当前的思维。

(2) 权威思维定势,是指人们对权威人士言行的一种不自觉的认同和盲从。在莱特兄弟发明飞机前,权威的说法是比空气比重大的物体不可能飞上天。

(3) 从众思维定势,是指人们不假思索、盲从众人的认知与行为。

(4) 书本思维定势,是指人们对书本知识和教条不加批评的完全认同。

(5) 以自我为中心的思维定势,是指人们想问题、做事情完全从自己的利益或好恶出发,主观武断地得出判断和结论。

请同学们思考

（1）想一想：你认为以上案例中打破了哪些思维障碍？

（2）说一说：自己了解哪些创新的案例？

★ 认知与理解

一、创新的基本理论

创新一词在当今世界、在我国出现频率非常高，几乎所有的企业家、政府官员、大学教授都常常强调创新的重要性。同时，创新它又是一个非常古老的词汇。在英文中，"Innovaion"（创新）这个单词起源于拉丁语，它原意有三层含义：一是更新，二是创造新的东西，三是改变。

（一）创造与创新的含义

创新作为一种理论，首先是由美籍奥地利经济学家熊彼特在1912年德文版的《经济发展理论》一书中提出的。熊彼特认为，"创新"就是把生产要素和生产条件的新组合引入生产体系，即"建立一种新的生产函数"，其目的是为了获取潜在的利润。20世纪50年代，美国著名管理大师彼得·德鲁克把创新引进管理领域，有了管理创新，他认为创新就是赋予资源以新的创造财富能力的行为。现在"创新"两个字扩展到了社会的方方面面，如理论创新、制度创新、经营创新、技术创新、教育创新、分配创新等。

创造是人们为了实现前所未有的独创性成果目标，借助于灵感激发的高智能劳动，产生新的社会价值成果的活动。这个成果是指新概念、新设想、新理论，也可以指新产品，要求新颖、独特、有社会价值。

创造与创新的区别在于，创造强调新颖性和独创性，着重指"首创"，从无到有，是一个具体结果；创新强调创造的某种社会实现，从有到成，更重经济性、社会性、渗透性，创新过程需要发明，但发明不可预测，也不能计划，而创新可以预测，可以有计划地去做。有人把发明看得很重，而轻视创新。应该说，发明很重要，但发明只是第一步，真正要有作为所还需创新。而创新是新设想（或新概念）发展到实际和成功应用阶段。据有关资料表明，几十年来，全球几百万项的发明专利中，真正有用的东西比例很低。可见，创造是"无中生有"，创新是"有中生新"。

（二）创新的形式

1. 原始创新

原始创新是指前所未有的重大科学发现、技术发明、原理性主导技术等创新成果。原始性创新意味着在研究开发方面，特别是在基础研究和高技术研究领域取得独有的发现或发明。原始性创新是最根本的创新，是最能体现智慧的创新，是一个民族对人类文明进步做出贡献的重要体现。

2. 集成创新

集成创新是指通过对各种现有技术的有效集成，形成有市场竞争力的产品或者新兴产业。

3. 引进消化吸收再创新

引进消化吸收再创新是指在引进国内外先进技术的基础上，学习、分析、借鉴，并进行再创新，形成具有自主知识产权的新技术。

二、创新者能力与素养

（一）创新能力的内涵

个体创新能力的大小由自身的创新素养决定，从有利于开发培养的角度看，主要由以下四部分构成。

1. 创新个性品质

它包括创新意识、意志、毅力、勤奋、自信力、活力、诚信、积极、乐观、胆识、团队精神以及创造性人才的思维特质，如知觉、潜意识和灵感等。研究表明在智力水平相近的情况下，情商高的人创新能力更强。

2. 创新思维品质

它是指创新者能灵活掌握和运用各种创新思维方法、及时了解所需信息、发现存在问题和处理问题的思维能力品质。

3. 创新技法应用

它是指创新者能合理地选择和创造性地应用创造技法解决创造、创新活动中出现的问题的能力品质。创造、创新的技法非常多，并随着创造、创新活动的开展不断涌现。善创新者能及学习和灵活应用新的技法于创新活动。

4. 创新技能运用

它是指创新人才正确处理个人与社会的关系以促进创新价值实现的能力品质。这里的创新技除了一定的操作能力、完成能力外，更重要的是掌握应用新知识和新技术的学习能力、发现问题的能力、能够借他人优势的能力以及抓机遇能力、延伸大脑能力、凭借信息能力等。

（二）创新型人才的基本素质

有人说创新性思维由发散思维和聚合思维构成，也有人说创造性倾向由自信心、好奇心、探索性、挑战性和意志力五个维度组成。大量的研究表明，创新型人才应具有以下基本素质。

1. 同时具有丰富的创新知识和批判思维能力

创新可能是对已有知识、应用的拓展，这就要求创新型人才的知识结构既有广度，又有深度；既要有深厚而扎实的基础知识，了解相邻学科知识，又要精通自己的专业并掌握其最新成就和发展趋势。这种完备、充分的知识结构有助于增强他们的综合判断和创新能力。

批判性思维起源最早可追溯到古希腊思想家苏格拉底。"批判性思维"是英语 critical thinking 的直译。critical thinking 在英语中指的是那种基于严格推断，善于质疑辨析，富于机智灵气、清晰敏捷的思维能力。批判性思维意味着"基于标准的有辨识能力的判断"。批判性思维作为一个技能的概念可追溯到杜威的"反省性思维"，"能动、持续和细致地思考任何信念或被假定的知识形式，洞悉支持它的理由以及它所进一步指向的结论"。批判性思维没有学科边界，任何涉及智力或想象的论题都可从批判性思维的视角来审查。批判性思维既是一种思维技能，也是一种人文精神。

2. 顽强的意志和敏锐的洞察

坚强的意志是指抗挫折能力，它是一个人对自己的目标具有坚定信心的表现，从而表现出不达到目标誓不罢休的决心。创新型人才的意志力是建立在理性批判的基础上的，因而他会不断地尝试新的解决方案，不会对眼前的困惑所畏难，因为他坚信目标的正确性。应该说，一遇到困难就退缩的人是不可能成为创新型人才的，因为任何创新成果的获得都必然要经过种种挫折，必然要挑战传统习惯和势力，必须要有一往无前的勇气。同时，创新型人才要有敏锐的观察力。从本质上讲，创新是一种突破性的发现。这要求创新型人才必须具有敏锐的观察能力和一触即发的灵感与顿悟，不断地将观察到的事物与已掌握的知识联系起来，发现事物之间的必然联系。

3. 沟通协调能力

沟通协调能力意味着创新型人才不是一个自我封闭的、固执己见的人，而是一个善于适应环境并能够迅速调整自我状态的人，善于与别人分享自己的观点，善于让他人了解自己的目的和意图，主动地倾听他人的建议和意见，从而能够获得环境的理解和支持。在某些时候，良好的沟通协调能力甚至是获得成功的关键。试想，任何一个创新计划最终付诸实施都必须依赖环境的支持，没有别人的理解、支持和配合，就不可能获得成功。正因为此，善于沟通协调也是创新型人才的基本特征。

4. 把握时机，付诸实践

善于把握时机意味着一个人善于把握事物发展变化的关键点，从而能够抓住获得成功的关键要素，能够变被动为主动，推动事物向有利于自己的目的和计划的方向变化，以促进成功的到来。这意味着创新型人才要善于观察事物的发展变化，做出适当的抉择，以免贻误时机。同时，创新过程是遵循科学、依据事物的客观规律进行探索的过程。因此，创新型人才必须具有脚踏实地、勇于实践的工作态度，并不断以科学精神创新实践。

三、创新技法

(一)头脑风暴法(又叫智力激励法)

1. 头脑风暴法(又叫智力激励法)

头脑风暴法(brain storming)的发明者是现代创造学的创始人、美国学者阿历克斯·奥斯本。按其英文首字母也称为 BS 法。奥斯本于1938年首次提出头脑风暴法,"brainstorming"原指精神病患者头脑中短时间出现的思维紊乱现象,病人会产生大量的胡思乱想。奥斯本借用这个概念来比喻思维高度活跃、打破常规的思维方式而产生大量创造性设想的状况。在《韦氏词典》中头脑风暴法被定义为"一组人员通过开会方式对某一特定问题出谋献策、群策群力解决问题"的方法。

头脑风暴法的特点是让与会者敞开思想,使各种设想在相互碰撞中激起脑海的创造性"风暴"。其可分为直接头脑风暴法和质疑头脑风暴法。前者是在专家群体决策基础上尽可能激发创造性,产生尽可能多的设想的方法,后者则是对前者提出的设想、方案逐一质疑、分析其现实可行性的方法。

2. 实施步骤

(1)准备阶段。提出问题,组建小组,通知会议内容、时间、地点。

(2)热身活动。为使会议活跃,会前可做一些智力游戏,讲幽默小故事,做简单的发散思维练习等活动。

(3)正式开会,自由畅谈。

(4)会后收集整理设想、提案。

(5)未达目的,重复上述过程。

(6)评价选出最佳设想、方案。

(二)奥斯本检核表法

阿历克斯·奥斯本是美国创新技法之父。1941年,他出版了世界上的第一部创新学专著《创造性想象》,又提出了奥斯本检核表法。

1. 奥斯本检核表法思考点的含义

（1）能否他用

保持不变能否扩大用途？稍加改变有无其他用途（包括思路扩展、原理扩展、应用技术、功能、材料扩展等）？现有的事物能否借用别的经验？能否模仿别的东西等？

（2）能否借用

过去有无类似的发明创造、创新？现有成果能否引入其他创新性设想？现有事物能否做些改变？

（3）能否改变

如意义、颜色、声音、味道、式样、花色、品种等，改变后效果如何？现有事物能否扩大应用范围？能否增加使用功能？

（4）能否扩大

能否添加零部件？能否扩大或增加高度、强度、寿命、价值等？现有事物能否减少缩小或省略某些部分——简单化？

（5）能否缩小

能否拆折化、自动化、省力化？能否微型化？能否短点、轻点、压缩、分割、简略？现有事物能否用其他材料、元件？

（6）能否代用

能否用其他能源或功能？能否用其他结构、动力或设备？能否用其他原理、方法或工具？

（7）能否调整

能否调整已知布局？能否调整既定程序？能否调整日程计划？能否调整规格？能否调整因果关系？能否从相反方向考虑？

（8）能否颠倒

作用能否颠倒？位置（上下、正反）能否颠倒？

（9）能否组合

现有事物能否组合？能否原理组合、方案组合、功能组合？能否形状组合、材料组合、部件组合？

2. 奥斯本检核表法的实施步骤

（1）根据创新对象明确需要解决的问题。

（2）根据需要解决的问题，参照表中列出的问题，运用丰富想象力，强制性地一个个核对讨论，写出新设想。

（3）对新设想进行筛选，将最有价值和创新性的设想筛选出来。

3. 实施奥斯本检核表法的注意事项

（1）要联系实际一条一条地进行核检，不要有遗漏。

（2）要多检核几遍，或许会更准确地选择出所需创新、发明的方面。

（3）在检核每项内容时，要尽可能地发挥自己的想象力和联想力，产生更多的创造性设想。进行检索思考时，可以将每大类问题作为一种单独的创新方法来运用。

（4）检核方式可根据需要，由一人检核或三至八人共同核检。集体核检可以互相激励，更有希望创新。

（5）奥斯本检核表法是一种具有较强启发创新思维的方法。这是因为它强制人去思考，有利于于突破一些人不愿提问题或不善于提问题的心理障碍。提问，尤其是提出有创新性的新问题本身就是一种创新，它又是一种多向发散的思考，使人的思维角度、思维目标更丰富。另外，核检思考提供了创新活动最基本的思路，可以使创新者尽快集中精力朝提示的目标方向去构想、去创造、去创新。就好像有九个人从九个角度帮助你思考。你可以把九个思考点都试一试，也可以从中挑选一两条集中精力思考。检核表法使人们突破了不愿提问或不善提问的心理障碍，在进行逐项检核时，强迫人们扩展思维，突破旧的思维框架，开拓了创新的思路。

（三）设问法——5W1H（或6W2H）法

1. 6W2H法的内涵

美国陆军部提出5W1H法。我国著名教育家陶行知先生提出6W2H法，他把这种提问模式叫作教人聪明的"八大贤人"。为此他写了一首小诗："我有八位好朋友，肯万事指导我。你若想问真姓名，名字不同都姓何：何事、何故、何人、何如、何时、何地、何去，好像弟弟与哥哥。还有一个西洋派，姓名颠倒叫几何。若向八贤常请教，虽是笨人不会错。"

（1）Why：为什么需要创新？

（2）What：创新的对象是什么？

（3）Where：从什么地方着手？

（4）Who：谁来承担创新任务？

（5）When：什么时候完成？

（6）How：怎样实施6W2H？

（7）How much：达到怎样的水平？

（8）Which：几何，哪一个方案？（选择、挑选）

2. 设问法的应用

（1）为什么（Why）

为什么采用这个技术参数？为什么不能有响声？为什么停用？为什么变成红色？为什么要做成这个形状？为什么采用机器代替人力？为什么产品的制造要经过这么多环节？为什非做不可？

（2）做什么（What）

条件是什么？哪一部分工作要做？目的是什么？重点是什么？与什么有关系？功能是什么？规范是什么？工作对象是什么？

（3）谁（Who）

谁来办最方便？谁会生产？谁可以办，谁是顾客？谁被忽略了？谁是决策人？谁会受益？

(4) 何时（When）

何时要完成？何时安装？何时销售？何时是最佳营业时间？何时工作人员容易疲劳？何时产量最高？何时完成最为适宜？需要几天才算合理？

(5) 何地（Where）

何地最适宜某物生长？何处生产最经济？从何处买？还有什么地方可以作销售点？安装在什么地方最合适？何地有资源？

(6) 怎样（How to）

怎样省力？怎样最快？怎样做效率最高？怎样改进？怎样得到？怎样避免失败？怎样求发展？怎样增加销路？怎样达到效率？怎样才能使产品更加美观大方？怎样使产品用起来方便？

(7) 多少（How much）

功能指标达到多少？销售多少？成本多少？输出功率多少？效率多高？尺寸多少？重量多少？

(8) 几何（Which）

哪种方案最省时？哪种决策可使利润最大化？哪种生产技术更适用？

（四）组合技法

组合技法是指按照一定的技术原理或功能目的将现有的事物的原理、方法或物品做适当组合而产生出新技术、新方法、新产品的创新技法。组合技法具有以下几种方式。

1. 同物组合

同物组合也称同物自组，就是若干相同事物的组合。其特点如下：
（1）组合对象是两个或两个以上同一事物。
（2）参与组合的对象在组合前后基本原理和结构一般没有根本的变化。
（3）往往具有组合的对称性或一致性的趋向，如子母灯、双向拉锁等。

2. 异类组合

两种或两种以上不同领域的技术思想的组合、两种或两种以上不同功能的物质产品的组合都属异类组合。其特点是：组合对象（技术思想或产品）来自不同的方面，一般无主次关系；参与组合的对象从意义、原理、构造、成分、功能等任一方面和多方面互相渗透，整体变化显著。

异类组合是异类求同的创新，创新性很强，如台表圆珠笔、花瓶台灯、电冰箱、电视机、计算机、音响等的组合。

3. 重组组合

在事物的不同层次分解原来的组合，然后再按新的目的重新安排，此即重组组合。其特点是：

（1）组合在一件事物上实施。

（2）组合过程中，一般不增加新的东西。

（3）重组主要是改变事物各组成部分之间的相互关系。

重组作为手段，可以更有效地挖掘和发挥现有技术的潜力。例如，过去电话送话器和听筒是分别安装的，而将送话器与听筒连为一体，就是现在的电话机。飞机的螺旋桨装在尾部就是喷气式飞机，装在顶部为直升机。积木、组合拆装模型都有利于儿童建立重组意识培养重组能力。

4. 共享与补代组合

共享是指不同的或相同的事物共享同一原理、同一装置等的组合。例如，吹风机、卷发器梳子共用同一带插销的手柄。补代即是对某事物的要素进行取舍、补充、替代的组合方式。例如，拨号式电话改为键盘式，银行卡代替存折等。

5. 概念组合

它是指以命题和词类进行的组合，如绿色营销、音乐餐厅、裴多菲俱乐部等。

6. 综合

综合可视为一种更高层次的组合。例如，爱因斯坦综合了物理、数学知识提出相对论。

（五）列举法

搞发明创新，首先要认定目标、选择题目。经验证明，选题是否恰当，将直接关系到创造发明能否成功。通过列举事物各方面的特性，从而有助于创新题目的选择和确定，是一种常用的创新技法。列举法的基本过程是"分析—比较—集中"。

列举法的优势在于具体。一般来说，要着手创新的问题越小，就越容易获得成功。例如，要革新一辆汽车，如果采用头脑风暴法，因为它涉及面广，很难准确把握；但如果将汽车分成汽缸、轮胎、车身、发动机等各个部分，相对就比较容易提出新的设想，找到革新的办法。

列举法中最基本的是特性列举法，在它的基础上又形成了缺点列举法、希望点列举法、成对列举法等。通过列举可以促进全面考虑问题、防止遗漏，从而形成多种构想方案。不同的列举法各有千秋，但共同特点有以下两点。

第一，强制性分析。列举法本质上是一种分析方法。分析就是把整体分解为部分，把复杂的事物分解为简单要素，分别加以研究。与一般分析方法不同的是，列举法带有一种强制性，必须分析罗列所有的因素。而日常使用分析方法时，一般只抓住主要方面或特殊点，可以忽略一些次要因素。

第二，一览表式的展开。为了寻找创新的设想，借助于列举的方式将问题展开，以一览表的形式帮助思考。每个列举法都是一览表，是带有比较性的一览表，从中可以发现问题、明确目标、解决矛盾。特性列举法使用的是特性一览表，缺点列举法使用的是缺点一览表，希望点列举法使用的是希望点一览表。

以下分别进行介绍。

1. 特性列举法

（1）特性列举法概述。特性列举法也称属性列举法（attributive listing technique）。20世纪30年代初，它由美国内布拉斯加大学教授克劳福特提出并首先在大学讲授。他认为通过对革新对象作观察分析，尽量列举该事物的各种不同的特征或属性，然后确定应加改善的方向，可以大大提高创新效率。

事物的"特性"有不同的方面，通常从名词特性、动词特性、形容词特性方面进行分析。名词特性可以是结构整体或部分的名称，也可以是建造时所用材料名称或制造方法等。动词特性主要是用来描述功能。形容词特性用来描述事物的属性，如颜色、形状、感觉、性质、状态等。

(2)特性列举法实施方法:

① 确定研究对象。此时应注意课题宜小不宜大。如果研究对象比较复杂,则应先将对象分解后选一个目标较为明确的革新课题,或分成若干个小课题。

② 列举研究对象的特性:

名词特性——整体、部分、材料、制造方法等。

动词特性——功能、作用等。

形容词特性——颜色、形状、感觉、性质、状态等。

③ 分析鉴别特性。运用发散思维,对所列举出的特性逐一进行具体分析,判断每一个特性是否具有创新的必要性或可能性,淘汰那些没有价值和不现实的特性,并将欲创新的特性加以整理,按重要程度进行排列。然后,进一步对筛选的特性进行提问,诱发出可供革新的创造性设想。这时,可采用头脑风暴法,以便产生众多的设想。

④ 提出方案。通过评价讨论,挑选出行之有效的设想。

(3)特性列举法的其他形式。在作特性列举分析时,有些事物按照名词、动词、形容词特性进行列举可能会感到不易区分,影响创新思考。为此,根据实际情况还可以从以下特性出发,进行分析。

① 物理特性:如软、硬、导电、轻、重等。

② 化学特性:如怕光、易氧化生锈、耐酸等。

③ 功能特性:如能吃、可玩,还可当警报器使用等。

④ 结构特性:如固定结构、可塑可拆结构、混合结构等。

⑤ 形态特性:如色、香、味、形等方面的特点。

⑥ 使用者特性:可以适合哪些群体使用。

⑦ 经济性特性:其生产成本、销售价格、使用成本等。

2. 缺点列举法

(1)缺点列举法概述。可以说,任何一种产品都不可能十全十美。然而,由于人有惰性,便有了"初看是个疤,久看成了花"的现象。对于习惯了的事物,人们往往不容易甚至不愿意去发掘它的缺点。

缺点列举法就是通过吹毛求疵,有意去发现、发掘事物的缺陷,把它的缺点一一列举出来,然后针对缺点,有的放矢地设想改革方案,从而确定创新目标,获得创新发明的成果。

列举缺点并不是一件容易的事情,因为每一种产品在设计之初,总是考虑到种种可能的缺点并设法避免的。因此,要敢于质疑,善于质疑。只要我们时时处处留神,是不难发现缺点的。

(2) 缺点列举法实施方法。使用缺点列举法,并无严格的步骤,一般可按如下程序进行:

① 尽量列举事物的缺点。

② 将缺点归类整理。

③ 针对所列缺点逐条分析,研究其改进方案,或者能否缺点逆用、化弊为利。

在具体运用缺点列举法时,可以是个人思考,也可以集体研究,还可以通过调查研究等方式,具体方法如下:

① 会议法。具体做法是召开缺点列举会,一般由5~10人参加。由组织者针对某项事物,选择一个主题,在会上发动与会者围绕这一主题尽量列举各种缺点,越多越好。另一人将提出的缺点逐一编号,记在一张张小卡片上,然后从中挑选出主要的缺点,根据这些缺点制订出改进方案。主题宜小不宜大,如果是大的课题,应设法将它分解成若干小的课题,分组解决,这样就不会使缺点遗漏。会议法的应用非常广泛,它不仅有助于革新某种具体产品,解决硬件问题,而且还可以应用于体制改革、企业管理、文艺创作等软件问题。

② 用户调查法。通过信函、电话、网络或者访问的方式对用户进行调查,了解他们对相关产品的意见和建议,然后对各种信息进行综合整理。

③ 对照比较法。事物的缺点往往在比较中得到显现,有比较才会有区别。俗话说:"不见高山,不知平地。""不比不知道,一比吓一跳。""不怕不识货,就怕货比货。"将同类产品集中在一起,从比较中找缺点。用这种方法开发新产品往往起点高、措施准,容易一举成名。

④ 缺点逆用法。针对事物中已经发现的缺点"借坡下驴",不是去"克服缺点",而是反过来考虑将缺点变为可利用的东西,做到化弊为利。比如,利用生活垃圾制造沼气,在工业垃圾中提炼稀有金属。有些化纤织物有静电吸附力,衣服容易脏,利用这一缺点,把化纤织物制成掸帚、吸尘器等。

3. 希望点列举法

(1) 希望点列举法概述。希望点列举法是一种积极、主动型的创造发明方法。事实上许多新产品都是根据人们的希望研发产生的。例如,人们希望茶杯在冬天能保暖，在夏天能隔热，就发明了一种保暖杯；人们希望有一种能在暗处书写的笔，就发明了内装电池的既可照明又可书写的"光笔"；人们希望有一种不用纽扣的衣服，就发明了尼龙搭扣衣服；人们希望冬暖夏凉，就发明了空调机；人们希望快速计算，就发明了计算机等。

（2）希望点列举法的实施方法。希望一般来自于两个方面，一是事物本身存在不足，二是人们的需求发生变化。与缺点列举法类似，希望点列举法的实施方法可以灵活多样，常用的有：

①书面搜集法。按事先拟定的目标，设计一种卡片，发动用户或单位员工，请他们提供希望点。

②会议法。实施希望点列举法的常用做法是召开希望点列举会议，每次5～10人参加。为了激发与会者产生更多的希望点，可将每个人提出的希望点写在卡片上供与会者传阅，这样可以产生连锁反应。会后将提出的各种希望点进行整理，从中选出可能实现的若干项并制订出具体的革新方案。

③访谈法。派人直接走访用户，倾听各类希望性的建议与设想。

汇总以上方法收集到的各种希望点，再进行评价分析，找到可行方案。

★活动与体验

活动一　案例讨论

大英图书馆搬迁

大英图书馆因年久失修，急需搬到新馆去。按预算需要350万英镑，图书馆没有这么多钱，馆长很苦恼。有一个馆员有一个解决方案，告诉馆长只需要150万英镑。

馆长十分高兴，因为图书馆有能力支付这些。馆员说："好主意也是商品，需要签一个合同，若150万英镑有剩余，图书馆把剩余的钱给我。"馆长马上答应："350万英镑我都认可了，150万以内剩余的钱给你，我做主！"合同签订后实施了馆员的新搬家方案。结果连零头都没用完，就把图书馆给搬了。

原来，图书馆在报纸上发出了一条惊人的消息："从即日起，大英图书馆免费、无限量向市民提供借阅图书，条件是限期从老馆借出，还到新馆去……"

请快速思考:

(1) 这个故事给你什么启发?

(2) 日常生活中,你是否也会使用创新思维解决问题?请举例说明。

活动二 重组练习

中国的汉字重组。请给下面每个字各配一个字,再将两字拆一拆、拼一拼,变成一个常用语。

例:注 +(吾)=(主)(语)

勋 +（ ）=（ ）（ ）　　汗 +（ ）=（ ）（ ）

夯 +（ ）=（ ）（ ）　　汕 +（ ）=（ ）（ ）

杆 +（ ）=（ ）（ ）　　杳 +（ ）=（ ）（ ）

柱 +（ ）=（ ）（ ）　　治 +（ ）=（ ）（ ）

★职场实训

【案例1】

未来手机

首先分组,然后分别用头脑风暴法、缺点列举法和希望点列举法说明你心目中的未来手机。

(1) 用头脑风暴法对未来手机产生创造性设想:

_____

_____

(2) 对现有手机缺点的列举:

① _____

_____

② _____

_____

③ _____

_____

④ _____

⑤ _____

⑥ _____

（3）对未来手机希望点的列举：

① _____

② _____

③ _____

④ _____

⑤ _____

⑥ _____

★拓展测试

尤金创造力测试题

提示语：

（1）美国心理学家尤金·劳德赛设计了下面的测验题，并指出测验者只需10分钟左右的时间，就可测出自己的创造力水平。

（2）测验时，只需在每一句话后面用一个字母表示同意或不同意、不清楚或不确定。同意的用 A，不同意的用 C，不清楚或不确定的用 B。

（3）回答必须准确、忠实。

测试题：

（1）我不做盲目的事，也就是说我总是有的放矢、用正确的步骤来解决每一个具体问题。

（2）我认为，只提出问题而不想获得答案，无疑是浪费时间。

（3）无论什么事情要使我发生兴趣，总是比较困难。

（4）我认为合乎逻辑的、循序渐进的方法是解决问题的最好方法。

（5）有时，我在小组里发表的意见，似乎使一些人感到厌烦。

（6）我花大量时间来考虑别人是怎样看我的。

（7）我自认为是正确的事情，比力求博得别人的赞同要重要得多。

（8）我不尊重那些做事似乎没有把握的人。

（9）我需要的刺激和兴趣比别人多。

（10）我知道如何在考验面前保持自己的内心镇静。

（11）我能坚持很长一段时间来解决难题。

（12）有时我对事情过于热心。

（13）在特别无事可做时，我倒常常想出好主意。

（14）解决问题时，我常常凭直觉来判断"正确"或"错误"。

（15）解决问题时，我分析问题较快，而综合所收集的资料较慢。

（16）有时我会打破常规去做我原来并未想到要做的事。

（17）我有搜集东西的嗜好。

（18）幻想促进了我对许多重要计划的提出。

（19）我喜欢客观而有理性的人。

（20）如果我在本职工作之外的两种职业中选择一种，我宁愿当一个实际工作者，而不去当探索者。

（21）我能与我的同事或同行们很好地相处。

（22）我有较高的审美感。

（23）在我一生中，我一直在追求着名利和地位。

（24）我喜欢那些坚信自己结论的人。

（25）灵感与成功无关。

（26）争论时使我感到最高兴的是，原来与我观点不一致的人变成了我的朋友，即使牺牲我原先的观点也在所不惜。

（27）我更大的兴趣在于提出新建议，而不在于设法说服别人接受建议。

（28）我乐意自己一个人整日"深思熟虑"。

（29）我往往避免做那种我感到"低下"的工作。

（30）在评价资料时，我觉得资料的来源比其内容更为重要。

（31）我不满意那些不确定和不可预计的事。

（32）我喜欢一味苦干的人。

（33）一个人的自尊比得到别人敬慕更为重要。

（34）我觉得力求完美的人是不明智的。

（35）我宁愿和大家一起工作，而不愿意单独工作。

（36）我喜欢那种对别人产生影响的工作。

（37）在生活中，我常碰到不能用"正确"或"错误"来加以判断的问题。

（38）对我来说，"各得其所"、"各在其位"是很重要的。

（39）那些使用古怪和不常用语词的作家，纯粹是为了炫耀自己。

（40）许多人之所以感到苦恼，是因为他们把事情看得太认真了。

（41）即使遭到不幸、挫折和反对，我仍能对我的工作保持原来的精神状态和热情。

（42）想入非非的人是不切实际的。

（43）我对"我不知道的事"比对"我知道的事"更感兴趣。

（44）我对"这可能是什么"比对"这是什么"更感兴趣。

（45）我经常为自己在无意中说话伤人而闷闷不乐。

（46）纵使没有报答，我也乐意为新颖的想法花费大量的时间。

（47）我认为"多出主意无甚了不起"这种说法是中肯的。

（48）我不喜欢提出那种显得无知的问题。

（49）一旦任务在肩，即使受到挫折，我也要坚决完成。

（50）从下面描述人物性格的形容词中，挑选出10个你认为最能说明你性格的词（不记分，单独分析）：

精神饱满的	有说服力的	实事求是的	虚心的	观察敏锐的
谨慎的	束手无策的	足智多谋的	自高自大的	有独立见解的
有献身精神的	有独创性的	性急的	高效的	乐意助人的
坚强的	老练的	有克制力的	热情的	时髦的
自信的	不屈不挠的	有远见的	机灵的	好奇的
有组织力的	铁石心肠的	思路清晰的	温顺的	爱预言的
拘泥形式的	不拘礼节的	精干的	有朝气的	严于律己的

有理解力的	讲实惠的	感觉灵敏的	无畏的	严格的
一丝不苟的	谦逊的	复杂的	漫不经心的	柔顺的
创新的	泰然自若的	渴求知识的	实干的	好交际的
善良的	孤独的	不满足的	易动感情的	

下列每个形容词得2分：

精神饱满的、观察敏锐的、足智多谋的、有独立见解的、有献身精神的、有独创性的、不屈不挠的、温顺的、感觉灵敏的、无畏的、创新的、好奇的、有朝气的、热情的、严于律己的。

下列每个形容词得1分：

自信的、有远见的、不拘礼节的、一丝不苟的、虚心的、机灵的。

其余：得0分。

尤金创造力测试题答案：

题号	A	B	C	题号	A	B	C	题号	A	B	C	题号	A	B	C	题号	A	B	C
1	0	1	2	11	4	1	0	21	0	1	2	31	0	1	2	41	3	1	0
2	0	1	2	12	3	0	−1	22	3	0	−1	32	0	1	2	42	−1	0	2
3	4	1	0	13	2	1	0	23	0	1	2	33	3	0	−1	43	2	1	0
4	−2	1	3	14	4	0	−2	24	−1	0	2	34	−1	0	2	44	2	1	0
5	2	1	3	15	−1	0	2	25	0	1	3	35	0	1	2	45	−1	0	2

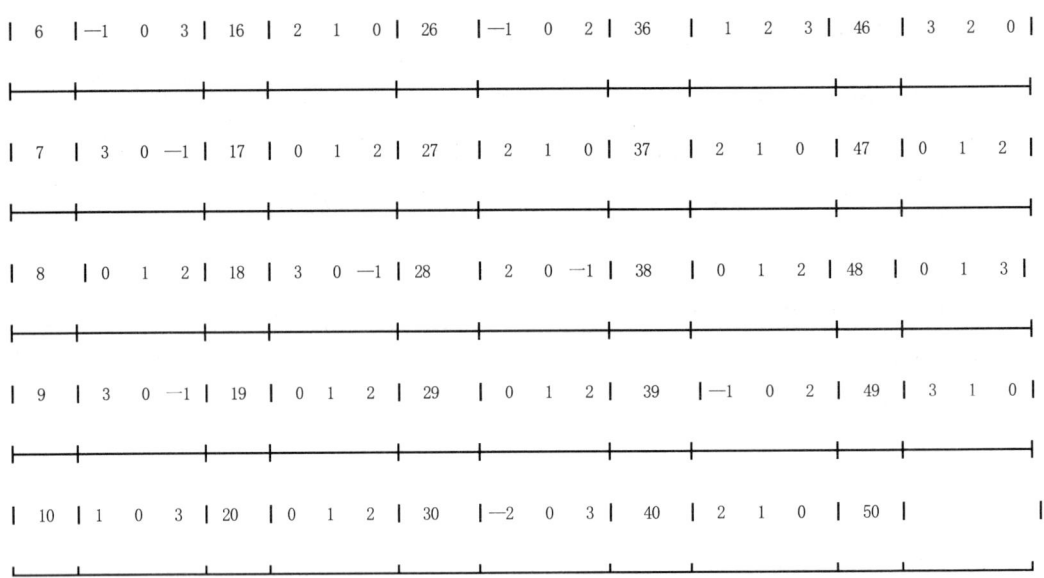

将分数累计起来：

（1）110～140分，创造力非凡。

（2）85～09分，创造力很强。

（3）55～84分，创造力强。

（4）30～54分，创造力一般。

（5）15～29分，创造力弱。

（6）21～14分，无创造力。

模块九　职场减压

★案例探析

2017年12月30日，42岁，正当人生壮年的中兴通讯研发工程师欧建新从办公室跳楼，留下孤独年迈的父母、悲伤的老婆、年仅2岁的女儿和9岁的儿子，酿成了巨大的悲剧。据《中国职场生存压力详解2018》报告显示，有近一半的职场人士在工作时间最容易感受到压力，迷茫正成为职场人士压力最重要的源头。而脑力不足、注意力不集中、记忆力减退、失眠、皮肤问题、抑郁、脱发成了压力巨大的职场人身上最容易出现的现象。

在巨大的职场压力之下，很多职场人都产生了诸如拖延症、职业倦怠、心理危机等不良心理状态。从公司人力资源的角度来看，职场压力过大造成的直接后果就是员工的工作状态不佳、裸辞、跳槽等现象频频发生。而这些人们在压力下做出的应激反应，无论从员工还是从企业的角度来看，最终都是双输的局面。因而关于当今职场人士的身心状态，如何采用科学合理的方式帮助职场人释放压力、恢复状态已经成了一项亟待解决的社会难题。

人的寿命受多重因素影响，除了遗传、环境、饮食结构、心态等因素外，良好的生活方式起着至关重要的作用。职场精英"过度劳累死亡"正是因为工作时间过长、劳动强度重、心理压力过大、长期处于精疲力竭的亚健康状态而积重难返引发身体潜藏的疾病急速恶化的结果。

请同学们思考

（1）想一想：你在压力面前的是如何调整的？

（2）说一说：健康对人生的意义是什么？

（3）查一查：自己的生活中存在哪些不健康的生活方式？

★ 认知与理解

一、健康的内涵

健康是人生的第一财富。有了健康,我们才可以实现美好的梦想;有了健康,我们才可以构建先进的理念;有了健康,我们才可以强化必胜的信念;有了健康,我们才可以去塑造美丽的心灵。健康是生命的基础元素,是理想的动力和生命之本,是人类希望拥有的最大财富。

(一)健康的含义

人的健康包括身体健康和心理健康两个方面,两者不可分离。身体健康和心理健康相互联系、相互影响。身体健康是心理健康的基础,而心理健康又是身体健康的必要条件。

世界卫生组织规定:"健康不仅仅是没有疾病和虚弱,而是一种身体、心理、社会适应能力和道德均臻良好的完美状态。"它也就是人们常说的身心健康。一个人在生理、心理、道德三方面都健康且社会适应良好,才是完全健康的人。

1. 生理健康

生理健康:第一,无病,包括先天性身体机能的正常发育、功能健全等;第二,先天禀赋充足,体格强壮,免疫功能良好,能抵抗一般的传染性疾病;第三,精力充沛,头脑清醒,没有乏力、疲惫、头晕等不适的感觉;第四,工作效率高。

2. 心理健康

心理健康以生理健康为基础,并高于生理健康。衡量心理健康的指标有意志坚定、行为合理、精神愉快、具有同情心和爱心、能正确评估自己、具有上进心、人格健全、热爱生活、善于交往、知足常乐、情绪稳定等。

3. 道德健康

道德健康的标准是在人际交往中能不损害他人,懂得团结合作、乐于助人、主动奉献。

4. 适应能力

社会适应能力是对一个人智商和情商的综合考验。一个无法处理社会关系、无法对付各种社会变化的人只能被社会淘汰或徘徊于社会的边缘，他同样不具备成为一个健康人的素质。

（二）心理健康的标准

心理健康是指具有较好的自控能力，能保持心理上的平衡，能自尊、自爱、自信且有自知之明。心理健康是生活方式当中最重要的组成部分，是个体维护身心健康的关键环节，没有健康的心理，一个人很难获得成功。心理健康还能促进生理健康，心理和生理的全面健康才是我们孜孜以求的长寿秘诀。

人体的身高、体温可以用尺子、温度计准确测量，心理健康水平的测量就困难得多了，要考虑到不同年龄阶段、不同群体的特点。那么，作为一名当代大学生，应该具备怎样的心理素质才算心理健康呢？综合各种观点，根据大学生的年龄特征、社会角色和心理发展的特点，一般认为，我国大学生心理健康的基本标准为如下几个方面。

1. 智力正常

智力正常是大学生进行正常学习、生活的最基本的心理条件，是大学生适应周围环境最基本的心理保证。心理健康的学生对学习有浓厚的兴趣，求知欲望强烈，能克服学习中的困难，学习成绩稳定，能保持一定的学习效率，从学习中能体验到满足与快乐。

2. 情绪健康

情绪健康是衡量大学生心理健康的一个重要指标。心理健康的学生能经常保持愉快、开朗、乐观的心境，对生活和未来充满希望，虽然也有悲、忧、哀、愁等消极体验，但能主动调节，并能适当表达和控制情绪，喜不狂、忧不绝，胜不骄、败不馁。

3. 意志健全

坚强的意志是人们取得事业成功的先决心理条件之一。意志健全的人在行动的自觉性、果断性、顽强性和自制力等方面都会表现出较高的水平。意志健全的大学生在各种活动中对自己的行为有正确的认识，在困难和挫折面前冷静、果断，能够采取合理的方式解决所遇到的各种困难，并在行为中适度地控制自己的语言、行为及情绪，善于督促自己去执行已经做出的决定。

4. 人格完整

人格完整是指人格的各要素（气质、能力、性格、理想、信念、人生观等）完整统一、平衡发展。一个心理健康、人格完整的大学生，其所思、所想、所行是协调一致的，有积极进取的人生观，并能以此为中心把自己的需要、目标和行动统起来。

5. 自我意识明确

正确的自我意识是大学生心理健康的重要条件，是大学生良好人格的重要体现。一个心理健康的大学生应该有正确的自我评价，能够客观地认识自己、了解自己、接纳自己，既不妄自尊大，做自己力所不能及的事情；也不妄自菲薄，甘愿放弃可以发展自己的好机会。

6. 人际关系和谐

和谐的人际关系是大学生心理健康的重要条件和途径，也是衡量大学生心理健康的标准。心理健康的大学生乐于与人交往，并能用尊重、信任、友爱、宽容、理解的态度与人相处，能获得他人的信任，并愿意与人分享友谊，乐于助人，团结协作。

7. 适应能力强

环境适应能力包括正确认识环境及处理个人与环境的关系的能力。对环境的适应能力能反映一个人的心理健康水平。心理健康的大学生在环境改变时能面对现实，使个人行为符合新环境的要求，并能对社会现状有清晰的认识，与社会环境保持良性互动。

8. 心理行为符合年龄特征

从心理学角度看，人的发展有很多阶段，在生命发展的不同阶段均有相应的心理行为表现。大学生是处于特定年龄阶段的社会群体，他们的认识、情感、言行、举止应具有与其年龄和社会角色相符合的特征，如精力充沛、勤学好问、反应敏捷、喜欢探索等。过于老成、过于幼稚、过于依赖等都是心理不健康的表现。

二、生活方式与健康

生活方式是指人们长期受一定社会文化、经济、风俗、家庭影响而形成的一系列生活习惯、生活制度和生活意识。可以将生活方式理解为不同阶层人群在其生活圈、文化圈内所表现出的行为方式。人们的行为表现直接显现在外，构成生活方式的显现部分，但支配人们行为的价值观却隐含在内，仍是不可忽略的重要部分。一个人的生活方式总是客观存在的，可以是传统的，也可以是现代的。然而，不管何种生活方式，总是受诸多因素制约。生活方式的构成要素是生活的行为习惯、生活时间、生活节奏、生活空间、生活消费等。

中国每年在健康方面开销巨大，慢性疾病的发病率、死亡率却在逐年上升，糖尿病、高血压、肥胖症越来越多。特别是由于不良生活方式引发的各种疾病，对人们的健康造成了极不利的影响。

可见，人们的健康长寿更多地取决于生活方式因素，而改善和维护健康的最佳方式就是以矫正生活方式为主题的健康管理。如何才能矫正生活方式、培养出良好的生活习惯呢？可以尝试从以下几个方面入手。

（一）重视和加强体育锻炼

体育锻炼对人的生理和心理都有好处，可以改善消化功能，增加体能和活力，既能消耗脂肪又能强壮肌肉，提高血液中良性胆固醇的比例，降低不良胆固醇的比例等。此外，体育锻炼还是放松的一种方式，能帮助人们缓解日常生活的压力，防止压力致病，消除焦虑和消沉情绪，改善自我形象。

当然，体育锻炼要做到适量、适合与持久，并非越多越好。重视和加强体育锻炼，应先了解哪些锻炼方式适合自己，然后再选择对应的锻炼方式进行适量、持久的运动，只有这样，体育锻炼才能有助于促进个体生理和心理健康，提高生活质量和生命质量。

由于每个人的健康、体质状况不同，因此各人锻炼目的自然有所侧重，锻炼方法也就有所区别。例如，提高心肺功能的体育锻炼方式有步行、慢跑、骑车、游泳、登山等，发展肌肉力量和耐力的训练形式有单杠、引体向上、哑铃操等，减肥健身的运动方式有长距离步行、慢跑、骑车、登山、仰卧起坐等，调节精神、改善情绪的锻炼方式有气功、太极拳、散步、跳舞、健身舞等。每一种锻炼方式对应不同的锻炼目的时，方法和要求应有所不同。

（二）控制吸烟或戒烟

据世界卫生组织报道，65岁以下男性90%的肺癌、75%的支气管炎、30%的食道癌、25%的冠心病是由吸烟引起的，因吸烟而死亡的人数比车祸多两倍。据估计，目前全世界的吸烟者超过11亿人，每年至少300万人由于吸烟而过早死亡。

据大量流行病学调查资料显示，吸烟是许多慢性非传染性疾病的主要危险因素。长期大量吸烟可引发肺癌、支气管炎、肺气肿、冠心病、消化性溃疡等，且吸烟量越大、开始年龄越小、吸烟史越长，对健康的危害也越大。

吸烟不仅使本人健康受到伤害，而且还会危及他人及全社会健康。被动吸烟的孕妇可使胎儿智力发育受阻、死胎、流产、早产、低体重儿增加，被动吸烟者同样可使机体免疫力下降，诱发癌症。

因此，为维护自身与他人的健康，控制吸烟或戒烟是非常重要的一项健康管理措施。

（三）禁止酗酒

俗话说"吸烟伤心肺，喝酒伤肝胃"。酗酒是指过量地无节制地饮酒。一般认为适量饮酒可以改善血液循环，促进新陈代谢，对健康有好处，而且越来越多的证据也支持这一点。通常滴酒不沾的男性和女性比适量饮酒者更易患冠心病和中风，而适量饮酒被认为可延长寿命，但酗酒对健康绝对有害。

一次性过量饮酒可造成急性酒精中毒，长期过量饮酒则可引起慢性酒精中毒、肝硬化、心血管疾病、神经精神疾病等，孕妇饮酒则可影响胎儿。据世界卫生组织统计，酗酒者死亡率比一般人高1~3倍。因此，健康管理还必须做到适量饮酒，并禁止酗酒。

（四）严禁吸毒和药物滥用

吸毒是指吸食毒品，如鸦片、吗啡、海洛因等可上瘾的麻醉剂，这同时也属于药物滥用。此外，药物滥用还包括使用镇静剂、镇痛剂以及违禁使用的兴奋剂等。吸毒往往使人精神颓废、人格缺陷、身体素质下降甚至系统功能衰竭。吸毒者共同使用针具注射毒品，往往成为艾滋病、肝炎等疾病的重要传播渠道。违规使用兴奋剂也会对身心健康造成危害，如使用类固醇可致肝功能受损、血脂紊乱等。可见，吸毒和药物滥用对个体身心健康危害巨大，必须严令禁止。

（五）减少体重，控制肥胖

体重超过标准体重的10%即为超重，超过20%即为肥胖。肥胖者由于摄入的能量超过人体活动的消耗量，超出部分就以脂肪形式储存于体内。肥胖症患者不但体态臃肿、动作迟缓、工作效率低，且容易引发动脉硬化、冠心病、高血压等心血管疾病和脂肪肝、糖尿病等。

此外，肥胖还与某些肿瘤，如乳腺癌、直肠癌有一定的关系。预防肥胖，减少体重，保持身体健康，最有效的措施是调节能量的摄入或增加消耗能量的体力活动。

（六）保持合理的饮食结构

饮食又称"膳食"，是指人们通常所吃的食物和饮料。人们通过饮食获得所需要的各种营养和能量，维护着自身的健康。合理的饮食结构能补充人体所需的营养，并预防多种疾病的发生发展，延长寿命。但是，不合理的饮食结构却会给人体健康带来不同程度的危害。例如，饮食过度会因为营养过剩导致肥胖症、糖尿病、胆石症、高脂血症、高血压等多种疾病，甚至诱发肿瘤；饮食中长期营养不足，可导致营养不良、贫血以及多种元素、维生素缺乏症等，影响儿童智力生长发育，人体抗病能力及劳动、工作、学习能力下降等；怀孕期间营养不良还可引起流产、早产甚至胎儿畸形等。

因此，要保持均衡的营养，合理搭配食物，不能随心所欲想吃啥就吃啥，应按照人体所需全面摄入，才能维持良好的人体健康。

（七）保证充足睡眠

休息是使人的身体达到一种放松的状态。放松的质量越高，休息质量就越高。休息放松的作用主要是松弛绷紧的神经，使身体有机会修复受到的损害，强化血气流通。但是，现代生活节奏的加快使很多职场人士有熬夜的习惯。熬夜给身体带来的损失是无法估量的，因为它剥夺了身体自我修复的机会。根据《黄帝内经》中的相关记载，晚上9点至11点，是淋巴排毒阶段；晚上11点至凌震1点，是肝脏排毒阶段；凌晨1点至3点，是胆排毒阶段；半夜到凌晨4点，是脊椎造血阶段……而无节制地熬夜加班会妨碍人体的自我修复，导致疾病的发生。

（八）注意防毒排毒

近年来，因食物污染、水污染、空气污染、电磁污染、室内建材污染及其他环境危害所引起的疾病越来越多。因此，养成防毒排毒的生活习惯是保持健康的重要环节。例如，避免食物中毒，最好只购买不含药物和激素的食品，尽可能购买有机耕种法种植的蔬菜、水果、粮食，少吃加工食品，尽可能不吃含有天然毒素的食物等。

防止大气污染、室内建材污染；尽可能避免在空气污染严重的时间段进行户外活动，经常去公园和树林中活动，尽可能清除室内的污染源；多吃具有排毒功能的食物，如木耳、山芋、红薯、新鲜水果蔬菜、猪血、绿豆、蜂蜜、苦瓜、海带等。

情绪为什么会影响人的健康？保持积极乐观的情绪会使人长寿并且增强身体抵抗力，而近来又有科学家从另一角度证实了情绪与健康两者之间的关联性。科学家发现，如果你对你现在所拥有的一切心存感激，无论是拥有一个贴心的伴侣，拥有一定的成就，还是自己还活着这个事实本身，这些感激之情都可以增强免疫功能，平稳血压，令整个身体的康复速度加快。

三、职场压力管理

（一）压力的定义

"压力"（SRS）这个概念首先由加拿大生理学家谢尔耶提出。他认为压力是产生于个体无能力、无资源应对"外在需求"时的一种非特定的生理反应。

理性情绪行为疗法的创立者阿尔伯特·艾利斯则提出，应激情境本身很少作为压力而存在，压力来自人类系统，与个人的"认知系统"及"价值系统"相关，如果适当修正自我的完美主义思考，大半的压力情绪即可减轻。

身在职场，我们每天都面临各种各样的压力。对员工来说压力可能是完成任务，平衡工作和家庭以及融入团队；对老板来说，压力可能是公司的生存和发展。

压力通常来自三个方面：我们的上司、我们的同事以及我们自身。当别人对我们或我们自己有了期望的时候，压力就随之而来。直觉告诉我们，压力不是一件好事。压力让我们烦恼，压力让我们睡不着觉，压力让我们萎靡不振。但是，压力未必是一件坏事。如果人的身上没有血压，血液就流动不起来，人的生命就会终结；血压过低，我们也会有不舒服的感觉，甚至是疾病。没有压力的世界是一个没有生命的世界，没有压力的公司是一个没有动力的公司。无论是做企业、在职场或者体育运动，我们都能发现"压力使人进步"。

（二）压力与健康

人在压力状态下，会出现一定的生理反应和心理反应，这些身体和心理信号提示我们要关注自己的压力水平。压力的生理反应主要表现在自主神经系统、内分泌系统和免疫系统等方面，如导致心率加快、血压增高、呼吸急促、激素分泌增加、消化道蠕动和消化液分泌减少、出汗等。

不少人都有这样的经历：当悲伤、抑郁时，会出现头疼、胃痛、失眠、血压增高等症状。美国俄亥俄州立大学的研究人员发现，如果常年处于慢性压抑之下，会使血液中葡萄糖和脂肪酸升高，患糖尿病和心脏病的风险加大。另外，压力还会使人体胆固醇水平上升，更易诱发心血管病。现代科学不断证实情绪和健康之间存在着紧密的联系。美国生理学家艾尔马的实验研究：将人在不同情绪状态下呼出的气体收集在玻璃试管中，冷却后变成水并发现：

人在心平气和的状态下呼出的气体冷却成水后，水是澄清透明的。

人在悲伤状态下呼出的气体冷却成水后，水中有白色沉淀。

人在愤怒、生气状态下呼出的气体冷却成水后，将其注射到大白鼠身上，几分钟后大白鼠死亡。

人在生气时的生理反应非常剧烈，同时会分泌出许多有毒性的物质。消极情绪长期存在，生理变化不能复原时，情绪压力就会损害健康。不良情绪长期存在与发展会转化成为心理障碍和心理疾病，所以人应形成主动调适情绪的意识。

而我国的专家从中医学角度给大家解读情绪对身体的影响："七情六欲"，人皆有之，一般情况下，属正常的精神生理现象，各种情绪活动都有抒发感情、协调生理活动的作用。但是，临床实验证明，当愤怒、悲伤、忧思、焦虑、恐惧等不良情绪压抑在心中而不能充分宣泄时，便对健康有害，甚至会引起疾病，称为"七情致病"。

中医认为，七情和五脏的基本关系是：肺主悲、忧，过悲过忧则伤肺；心主喜，过喜则伤心，比如过年过节，经常有人因为过于高兴导致心脏病发作；肝主怒，过怒则伤肝，人们都有这样的体验，非常生气时，左右两侧胁肋也会隐隐作痛，这就是对怒伤肝的表现；脾主思，过思则伤脾。专家说，一些生活压力大、工作紧张的人经常会出现疲劳的症状：四肢无力，肌肉酸痛，即使做了运动，也会出现这种情况，这是怎么回事呢？从中医角度看这是出现了脾虚的现象，思虑过度，脾气就亏虚了。此外，还有肾主惊，人受到过度惊吓会影响肾的生理功能。

（三）压力与性格

有 A、B、C 三种类型的人，周末同时遇到一件事：晚上大家正在熟睡时，一个不自觉的人在水房放声高歌，全楼道都能听到。

A 型人会火冒三丈，冲出去"主持公道"，大喊大叫，与人争吵，但无济于事。

B 型性格的人呢，这时候也会不高兴，也会下去与放声高歌的人理论，但当与那个人无法沟通时，B 型人会穿起球鞋跑步去，或拎起书包自习去。

C 型人在被窝里嘟嘟囔囔，心怀不满，很焦虑，但不敢说或不愿意说，比较压抑。

A 型人的做法是压力的寻求者。

A 型人总是这样的思维方式："是你让我火冒三丈"，把原因完全推到外部，实际上这个使你火冒三丈的人是你自己，是你让别人操纵了你的情绪，所以你生气了，心血管收缩，血压升高，还掉了眼泪。我们说事件本身并不会对你造成伤害，但你的反应与思维模式却会伤害

B 型人则是压力的处理者。

B 型人因为以平和的心态对待事件，有一个健康的人格，因此感受到的压力最小，体内的压力荷尔蒙与快乐荷尔蒙较为平衡。B 型人会化解压力，转换不良情绪，保持一个良好的心理状态。

C 型人的做法是压力的承受者。

C 型人因为要承受心怀不满、又不愿意或不敢说出来的压力，忍气吞声地把愤怒指向自身，时间久了可能导致癌症、抑郁症。

（四）应对压力的方法

1. 勤锻炼

减压和降低焦虑的好方法之一就是运动。你可以加入健身俱乐部或在卧室或车库内锻炼，甚至散一会儿步。运动时分泌出来的内酚酞可以让人感觉到更快乐。你也可以和家人一起锻炼。这样的好处是运动后心情变得平静。

2. 常微笑

微笑和大笑都是立刻放松情绪的最佳途径之一。与朋友开玩笑,看一部优秀的电影或者明媚的阳光,都能让我们微笑。

3. 多听音乐

尝试做一些精神舒缓的事情使压力保持在正常水平。倾听音乐是放松减压的好方式,各个年龄阶段、各种收入水平的人群都酷爱它。安静的音乐对缓解压力非常有效。听音乐能使你感到放松、平和。尝试听几种不同的曲风,你就会知道,一些作品好像专门为你而作。一旦你得到了它,任何时候你需要安静放松,你就可以听听它。

4. 爱阅读

阅读也是减压的好方法。选读一本轻快、幽默、浪漫或其他系列的书会让人感觉良好。如果你对宗教、心理方面的书籍感兴趣的话,当然也可以读这类书籍。任何给人以积极健康的态度看待世界的书都能让人自我感觉良好和让人放松。

5. 尝试冥想法

一幅诗情画意祥和的田园诗般画卷,由一望无垠的大草原或广袤的沙漠为背景,触发你所有的感官去体会。你能闻到空气中弥漫淡淡的茉莉花香吗?你能听到鸟儿欢唱、感觉到清风拂面吗?你能区分哪一个是想象图景哪一个是现实吗?下次,焦躁不安时,冥想吧,它会给你带来安静。想象水流洗涤污垢,它能化解你的负面情绪。

6. 懂得感恩

当你感到压力时,试着去细数幸福,把它们记载在感恩日记本。总有一些东西值得你感恩,有时仅像起床一样简单的事情都值得。当你怀有一颗感恩的心,你也会感到生活更美好。当你用负面的眼光看周围的世界,就更容易变得愤世嫉俗。乐观地思考,有助于化解怒气,让你感恩更多美好的事情。

7. 深呼吸

当你陷入伴随压力而来的强烈情绪中,甚至快被压垮时,停下来,深呼吸。

在你深呼吸时，更多的氧气被输送到你的大脑，使思维清晰、肌肉放松，给你时间进行心理调适。

★ 活动与体验

活动一 根据你最近一周的生活状况完成表8

表8 最近一周生活状况

时间	睡眠时间	是否达到7~8个小时	未达到的原因
星期一			
星期二			
星期三			
星期四			
星期五			
星期六			
星期日			

活动二 放松训练法

1. 呼吸放松法

（1）找一个舒服的身体姿势，坐在椅子上是再容易不过的事了，闭上双眼。

（2）让自己感觉到在呼吸，注意自己是在用嘴还是用鼻呼吸，以及自己呼吸的频率。

（3）然后，注意观察身体各部分，要细心注意身体的肌肉群，看自己是否感觉紧张，保持一分钟。

（4）回到呼吸上来，用鼻做深呼吸，然后用嘴吐气，连续做几次这样平静而深邃的呼吸。当你吐气时，观察肌肉在干什么，肌肉是如何开始工作的，持续这样呼吸几分钟。

（5）每次吸气，最大限度地扩张腹部；每次吐气，最大限度地收缩腹部。

（6）现在让我们数四下吸气一次，然后再吐气。此后慢慢数八下吸气一次。

缓慢、深沉而平静地呼吸，这样练习几分钟。

2. 肌肉放松法

肌肉放松法的原理是先让你感受紧张再让你体验松弛。没有紧张感你就很难真正体会松弛感，所以先紧张后放松能使你更充分地享受放松的效果。

（1）头部放松：用力皱紧眉头，保持5秒钟，然后放松；用力闭紧双眼，保持5秒钟，然后放松；皱起鼻子和脸颊部肌肉，保持5秒钟，然后放松；用舌头抵住下颚的门齿，嘴巴尽量张开，头向后仰，保持5秒钟后放松。

（2）颈部肌肉放松：将头用力下伸，努力使下巴抵住胸部，保持5秒钟，然后放松。

（3）肩部肌肉放松：将双臂平放体侧，尽量提升双肩向上，保持5秒钟，然后放松。

（4）臂部肌肉放松：将双手掌心向上平放在座椅扶手上，握紧拳头，使双手及前臂肌肉保持紧张5秒钟，然后放松；侧平举张开双臂做扩胸状，体会臂部的紧张感5秒钟，然后放松。

（5）胸部肌肉放松：将双肩向前收，使胸部四周的肌肉紧张，保持5秒钟，然后放松。

（6）背部肌肉放松：将双肩用力往后扩，体会背部肌肉的紧张感5秒钟，然后放松后用力弯曲背部，努力使胸部弓起，挤压背部肌肉5秒钟，然后放松。

（7）腹部肌肉放松：尽量收紧腹部，好像别人向你腹部打来一拳，你在收腹躲避，保持收腹5秒钟，然后放松。

（8）腿部肌肉放松：绷紧双腿，伸直上抬，腿离地面20厘米，保持5秒钟，然后放松。

（9）脚趾肌肉放松：将脚趾慢慢向下弯曲，仿佛用力抓地，保持5秒钟，然后放松；慢慢向上翘，保持紧张5秒钟，然后放松。

以上从头到脚九部分的肌肉放松连续完成。所谓放松是指努力体会肌肉结束紧张后的松弛的感觉，如热，酸、软等感觉。每次可用15~20秒钟的时间来体会放松感。

3. 想象放松法

想象放松法即重复说一些自己编排的指令（如"我双臂发热"），同时你便感觉到由该指令描述的效果会在身体上出现。想象放松法非常简便，自己不断重复如下六个步骤的指令。

（1）设想一个舒适的身体姿势，不要有意支撑身体。

（2）松开紧身的衣服、首饰。

（3）置身于安静的环境中。

（4）当你发出指令时，要为积极地体察自己的感觉做好准备。

（5）发出指令时做平衡的深呼吸动作。

（6）做完一段动作时，做些恢复身体灵敏度的动作，并以积极的建议结束练习。例如，当我睁开眼睛时，我将会感觉消除疲劳后的清醒，将会感到神经松弛舒适。

4. 班森博士的静坐技巧

（1）每天早晚两次，每次20分钟，最好在饭前。

（2）找一个安静、不被打扰的地方。

（3）集中注意力在一个字或一句话上。

（4）安适坐直。

（5）轻闭双眼，放松肌肉，平静下来。

（6）正常呼吸，在吐气时，默默地重复选定的字句。

（7）不要因外界而分心。

（8）持续10~20分钟。

★职场实训

【案例1】

早上，刘磊提前20分钟来到办公室，擦桌扫地边忙边想：已经26号了，今天无论如何要把这个月的业绩汇总弄出来，不能让主任催。同事们陆续到了，刘磊坐到电脑旁开始做汇总表。主任推门进来："小刘你现在忙不忙？"刘磊犹豫了一下说："不算忙。"主任说："那好，你把前10个月的招商引资分析情况弄出来，中午前给我，顺便通知大家，下午1点半开会。"刘磊边答应着，边把刚开了个头的汇总表收起来开始做情况分析，折腾了2个小时，总算把分析写出来，交到主任那里。刘磊抬头一看，10点半多了，便赶紧给下属单位下通知，27个单位的通知还没下完，主任拿着他的情况分析说："这不行，太简单，好好改改。"刘磊下完通知，刚要修改情况分析，同事又叫他去餐厅吃饭。此时他又急又烦，说："我不去了，你给我捎点来吧！"同事说："你怎么整天忙得滴溜转？"刘磊没好气地说："领导安排的，我能怎么说？"午休后，他修改完的情况分析通过了，紧跟着就是开会、总结。主任说："市级文明单位的申报材料让小刘写吧，小刘写得还行；那个招商引资先进个人吗，小刘，你也给他们写写吧，他们也不会写，怎么样？"当着同事们的面，刘磊只好把到了嘴边的话咽下去，说："好的。"开完会已到了下班时间，看着别的同事轻松下班，刘磊却要加班，想到手头工作就跟催命鬼一样，已经35岁的他顿时觉得自己肩膀上仿佛压了座大山。

请回答：如果你是小刘将采取什么积极手段来处理面临的职场压力？

【案例2】

李淼研究生毕业后，应聘到烟台一家刚成立不久的外贸公司。准备信心十足、豪情万丈地干一番事业。不久，李淼所在的小组通过洽谈，收到了一笔不小的订单，在总结会上，老总特意表扬了几位老同事，却没有提李淼。李淼很不服气，他认为：如果不是自己用流利的英语帮着打通很多关键环节，对方不会那么痛快地签订协议。可看到客户总喜欢找业务员老王联系业务，又感到了某种压力，于是暗自下决心，一定争第一。经思考，李淼主动请缨去开发一直不景气的欧洲市场，并拒绝了经理给他的人手。但由于他一心想发展大客户，不把中小客户放在眼里，结果三个月过去了，他的业务却没什么起色。于是，经理派了一个老业务员协助他工作，在老业务员的坚持下，他们在年底前完成了十几笔业务，欧洲市场逐步红火起来。年终，他们因此得到公司的嘉奖。拿到了可观的红包，李淼不仅没高兴，反而心里充满懊恼，充满对自己的失望，而在日复一日的工作中，李淼经常重复这种感觉，总觉得自己的期望是那么遥远，就像在爬一座永远也爬不到顶峰的大山。

请回答：李淼出现的问题是什么？应该如何调整自己？

★拓展测试

亚健康状态测试

对照下列症状的描述，选择最符合你实际的答案：

1. 早上起床时，常有头发掉落。
   A. 有时会这样的
   B. 不是

2. 感到情绪有些抑郁，会对着窗外发呆。
   A. 有时会这样的
   B. 从来不会这样

3. 昨天想好的事，今天怎么也记不起来了，而且近些天来，经常出现这种情况。
   A. 是这样的
   B. 不是

4. 害怕走进办公室，觉得工作令人厌倦。
   A. 经常是这样的
   B. 不是

5. 不想面对同事和上司，有自闭症趋势。
   A. 有时会这样的
   B. 从来不会

6. 工作效率下降，上司已对你不满。
   A. 是这样的
   B. 不是

7. 工作一小时后，身体倦怠，胸闷气短。
   A. 经常会这样
   B. 不是

8. 工作情绪始终无法高涨，最令自己不解的是：无名的火气很大，但又没精力发泄。
   A. 经常会这样
   B. 从来不会

9．一日三餐，进餐甚少，排除天气因素，即使口味非常适合自己，近来也经常味同嚼蜡。

　　A．是这样的

　　B．不是

10．盼望早早地逃离办公室，为的是能够回家，躺在床上休息片刻。

　　A．时常这样想

　　B．不会这样想

11．对城市的污染、噪音非常敏感，比常人更渴望清幽、宁静的山水，以便休息身心。

　　A．经常这么想

　　B．不会这么想

12．不再像以前那样热衷于朋友的聚会，有种强打精神、勉强应酬的感觉。

　　A．经常会这样

　　B．不是

13．晚上经常睡不着觉，即使睡着了，又老是在做梦的状态中，睡眠质量很糟糕。

　　A．经常会这样

　　B．不是

14．体重有明显的下降趋势，早上起来，发现眼眶深陷、下巴突出。

　　A．是的

　　B．不是

15．感觉免疫力在下降，春、秋季流感一来，自己首当其冲，难逃"流运"。

　　A．是这样的

　　B．不是

评估标准和结果说明：

选择A者得1分，选择B则不得分。

（1）11分及以上：你的亚健康状况比较严重，需要尽快去找医生，全面地检查一下，同时要调整自己的身心，或是申请休假，好好地休息一下。

（2）7～10分：你的亚健康症状明显，要好好反思一下自己的生活状态，加强身体锻炼和加强营养。

（3）6分及以下：有轻微的亚健康状况，不能掉以轻心，要调整一下自己的生活状态，放松心情。

生活事件压力量表

下面是著名的"生活事件压力量表（表9）"，是由霍姆斯和黎黑编制的。这个量表研究了构成压力的事件以及这些压力所构成的压力大小（LCU）。勾出你在一年内的生活压力事件，并且计算出压力总分。

表9 生活事件压力量

事 件	压力（LCU）	事 件	压力（LCU）
丧偶	100	离婚	73
分居	65	入狱	63
亲人死亡	63	受伤或生病	53
结婚	50	轻微违法行为	11
复婚	45	失业	47
亲人生病	44	退休	45
性生活不和谐	39	怀孕	40
换工作	39	家庭成员增加	39
朋友死亡	37	经济恶化	38
夫妻经常争吵	35	工作性质改变	36
还贷	30	中等负债	31
子女离家	29	职务变化	29
个人突出成就	28	司法纠纷	29
上学或转业	26	妻子开始工作或离职	26
个人习惯改变	24	生活条件变化	25
工作条件改变	20	与上司矛盾	23
转学	20	迁居	20
宗教活动改变	18	娱乐改变	19
睡眠习惯改变	16	小量借贷	17
饮食习惯改变	15	家庭成员数量增加	15
过圣诞节	12	休假	11

一年内个体所经历的生活事件分数所反映压力量情况：

（1）得分不足150分，那预示下一年基本健康。

（2）得分在150～199分之间，那压力处于低水平。

（3）得分在200～299分之间，那压力处于适中。

（4）得分大于300分，那你的压力过大，急需减压。